易學典籍選刊

毛奇齡易著五種

〔清〕毛奇齡 撰
鄭萬耕 點校

中華書局

圖書在版編目(CIP)數據

毛奇齡易著五種/(清)毛奇齡撰;鄭萬耕點校.—北京:中華書局,2025.3.—(易學典籍選刊).—ISBN 978-7-101-16879-2

Ⅰ.B221.5

中國國家版本館 CIP 數據核字第 20246L7U03 號

封面題簽:劉宗漢
責任編輯:石　玉
封面設計:王銘基
責任印製:韓馨雨

易學典籍選刊
毛奇齡易著五種
〔清〕毛奇齡 撰
鄭萬耕 點校

*

中華書局出版發行
(北京市豐臺區太平橋西里 38 號　100073)
http://www.zhbc.com.cn
E-mail:zhbc@zhbc.com.cn
河北博文科技印務有限公司印刷

*

850×1168 毫米 1/32 · 9 印張 · 2 插頁 · 170 千字
2025 年 3 月第 1 版　2025 年 3 月第 1 次印刷
印數:1-2000 冊　定價:45.00 元

ISBN 978-7-101-16879-2

點校説明

毛奇齡（一六二三—一七一三年）一名甡，字大可，號秋晴，浙江蕭山人，官至翰林院檢討，學者稱爲西河先生。清初著名經學大師，著述甚豐，僅易學著作就有七種之多，即仲氏易、推易始末、春秋占筮書、易小帖、易韻、河圖洛書原舛編、太極圖説遺議。其解易主以經明經，闡發漢易的傳統，批評王弼、程朱義理學派的易學和陳摶系統的象數之學，爲清代漢學家解易的先驅。

推易始末四卷，乃論證其仲氏易所提出的解易體例，即「推易」或「移易」説，並評述漢唐宋以來的各種卦變説。河圖洛書原舛編和太極圖説遺議各一卷，都是考辨圖書之學源流，並竭力加以抨擊的專著。易小帖五卷，乃其講易之雜説，着重從文字訓詁方面批評義理學派特别是程朱解易的失誤。四庫全書總目提要評論説：「今觀其書，徵引前人之訓詁，以糾近代説易之失，於王弼、陳摶二派攻之尤力。其間雖不免有强詞漫衍，以博濟辨之處，而自明以來，申明漢儒之學，使儒者不敢以空言説經，實奇齡開其先路。」於漢學有開創之功，成爲清初考據學派提倡漢學、清算宋易中圖書之學和先天易學的代表。其春秋古筮書三卷，彙記春秋内外傳所載占筮，並作了簡要疏釋，以推究上古之占法，亦頗具觀玩之趣焉。

此次點校毛奇齡易學著作，推易始末、易小帖、春秋占筮書以文淵閣四庫全書本爲底本，用西河合集本參校（推易始末尚有龍威秘書本，乃影西河本）；河圖洛書原舛編和太極圖説遺議則採用西河合集本。校勘中凡改正錯謬，删減衍文，增補文句，均出注予以説明。一般筆誤、形誤、避諱之字，不常見的異體字，以及圖表和卦象中之錯謬，則隨手改正，不再予以説明。毛氏易學著述所徵引之古籍甚夥，其中有原文照録者，有概述其義者，有原文概述攟雜者，有中間删略者，有偶爾脱落一二文字等等，情況較爲複雜，點校時，引文均用引號標出，以清眉目。引文中脱落之文字，除個别與理解文義關係重大者補正，並出注説明外，一般不作校補。對引文中由於作者所用版本而造成與通行本之不同，則一仍其舊。書後擇要附録了有關文獻，以備參考。

整理易學古籍，是一項很有意義而又十分艱難的工作。由於才力和學識的限制，錯謬疏漏，實所多有，懇切盼望專家師友和讀者不吝賜教。

鄭萬耕

二〇二三年於北京

目録

推易始末

河圖洛書原舛編

太極圖説遺議

易小帖

春秋占筮書

推易始末

推易始末卷一

周易者，移易之書也。雖易例有三：一曰倒易，叙卦用之；一曰對易，分篇者用之；二易見仲氏易卷首。而必以移易一例爲演易屬辭之用。即演易屬辭概有十例：曰名，如「天行」、「地勢」、「雲雷屯」、「山風蠱」諸詞，皆乾、坤八卦別名。曰義，乾健坤順，坎險震動，皆義也。詞有「順以動」、「險而健」類。曰象，一恒象，如乾首坤腹，乾馬坤牛，乾圜坤方，乾金玉坤布釜類，皆説卦所有者，辭悉用之；一偶象，如震偶象缶，巽偶象牀，剥、艮偶象廬，益、坤偶象龜類，他並無象矣。俗儒以「彖」爲豕，以「易」爲蜥蜴，以「有他」爲蛇，以「載鬼」、「張弧」爲星，皆本易所無有者，不通之極。曰方位，坤卦以西南爲離、兑，東北爲艮、震；蹇、解以西南爲坤，東北爲艮；復以離爲南國；隨以兑爲西山，皆以説卦定方爲詞，並無乾南坤北，離東坎西，如陳氏先天圖者。若位則單卦以二、五爲中，蒙之「剛中」，需之「正中」是也；重卦以三、四爲中，復之「中行獨復」，益之「中行告公用圭」是也。又單卦以初爲地，二爲人，三爲天；重卦以初、二爲地，三、四爲人，上、五爲天，乾之「上不在天」、「下不在田」、「中不在人」，謙之「天道」、「地道」，賁之「天文」、「人文」，皆是也。又五爲君，二爲臣，初爲民，臨五「大君之宜」，蹇二「王臣蹇蹇」，屯初「大得民」也。一二三即陽陰陽爲離位，四五六即陰陽陰爲坎位。凡遇純爻則兩位見，如坤三爲光，以純坤而下離見，離爲光；同人之象曰「涉川」，以純乾而上坎見，坎爲川也。若漢儒有初震位，二離位，三艮位，四巽位，五坎位，上兑位，則辭中亦未之及；至于乾一、兑二、離三、震四、巽五、坎六、艮七、坤八，則從無此位，非易義也。**曰次第順逆**，自初至上爲往爲順，自上至初爲來爲逆，凡卦皆然。往前爲右，來後爲左，師卦「左次」，豐卦「右肱」皆是；順上爲貴，逆下爲賤，鼎之「從貴」，屯之「下賤」皆是；順往則初爲本，上爲末，咸之「志末」，大過之「本末弱」皆是；逆來則上爲首，初爲足，乾之「无首」，比之「无首」，「咸其拇」，「賁其趾」皆是。**曰大小體**，益六爻體大離，曰「大光」；大過六爻體大坎，曰「過涉」；豫自初至五五爻體小比，曰「利建侯」；大壯自三至上四爻體小兑，曰「喪羊于易」，曰「羝羊觸藩」，以此類推可見。**曰互體**，謙互坎，曰「利涉大川」；豫互艮，曰「介于石」；師互震，曰「長子帥師」；隨互艮，曰「係小子」。若泰之「帝乙歸妹」，以互震、兑也；震、兑者，歸妹卦也。履之名履，以互離、巽也；離、巽東南卦主禮，履者，禮也。**曰時**，**曰氣**，臨「至于八月」，復「七日來復」，豐「雖旬无咎」，革「巳日乃孚」，蠱「先甲」、「後甲」，巽「先庚」、「後庚」，皆時也。「甘臨」土氣，「苦節」火氣，「噬黄金」金氣，「涣乘木有功」木氣，以及震、巽木甲乙，乾、兑金庚辛，坤、艮土戊己，離火丙丁，坎水壬癸，皆氣也。若值日卦氣、納甲、納音諸説，雖易亦有之，然詞未嘗一及，則何必矣。**曰數目**，用九老陽，用六老陰，三驅七復，長陽少陽，十朋二簋，中陰少陰，其他大衍五十，天地之數五十五，二篇之策萬一千五百二十，其爲數止此而已。俗儒謬增倍數，妄甚。曰乘承敵應，上爻乘下爻曰乘，屯六二之「難乘剛也」；下爻承上爻曰承，歸妹初九「吉相承也」；初與四、二與五、三與上其陰陽相抗者曰敵，艮「上下敵應，不相與也」；其陰陽相配者曰應，比「上下應」，恒「剛柔皆應」也。若後儒有乘承比應四義，則在易爻例並無所謂比者。而第在當時，抽辭比旨，多取成卦之聚畫，陽與陽聚，陰與陰聚，無所間錯者，而乃從而分移之，移陽于陰，亦移陰于陽。大傳所謂「乾坤成列」，則陰陽聚也。其所謂「分陰分陽」，則從而分之者也。所謂「剛柔相推」，則移之也，推者移也。而總以二語概之曰：「方以類聚，物以群分。」然後推移之旨全焉。特三聖屬辭往往引而不發，以俟其人之自省，有曰：「書不盡言，言不盡意。」惟是神而明之，默成其德，以俟乎其人。故雜卦言反易，不言反易也，第言其對峙，而反峙以明；序卦言對易，不言對易也，第言其聯序，而對序以著；繫傳言移易，不言移易也，第言其變易、遷易，而移易以見。

是以卦之命名即有以移爲名者，艮兑名損，山澤無所爲損也；巽震名益，風雷何以有益也；澤高于地則不聚，而反名聚；即萃卦也。風入地下則不升，而反名升。徒以損、泰，乾則移畫在上；泰䷊、損䷨。益、否，坤則移畫在下；否䷋、益䷩。萃四移觀，陽而不間則猶有聚；觀䷓、萃䷬。萃移觀上九爲四，則陰間而陽不間，故萃爲子母聚卦。升四移過，柔而上行則亦名升。小過䷽、升䷭。升移小過六二爲四，以陰升得名，故彖傳特曰：「柔以時升。」是當其命卦名時固早已豫啓其例，而况彖、象爲辭，非此不解。訟無故而有舊德，訟卦六三爲大過上六所移，而今將訟，上故「食舊德」，象傳所云「從上吉也」。比何先而稱後夫，比九五爲剥上所移，而今處五後，且在剥爲陽，故稱夫，象傳所云「无首」以此。天難入澤，安有其旋？履上九爲夬之三陽所移，苟仍返爲陽，則純乾矣，故曰「其旋元吉」。不然，上天下澤，無所旋返。一陽初畜，何爲復道？小畜初九本姤四所移，今初四相畜不過，還其所相易者，故曰「復自道」。不然，五陽一陰有何復道。又况夫子所贊，每故變其辭以示其義，如「剛來下柔」，則明有往來；隨以否之上九、咸之九三與初六相易，是剛來而下于柔。「柔上剛下」，則顯相上下；咸以否之六三與上九相易，是柔移上，剛移下。「剛自外來而爲主于内」，則明明移彼而就此；无妄初九係遯三所移，爲内震之主。「柔來而文剛」，「分剛上而文柔」，則公然以兩爻爲移易。賁移泰之上柔、損之三柔，而皆飾乎二之剛，又分益之五剛在上位者而文三之柔。是移易一例，文、周倡之，夫子早發明之，而漢初田何受易，傳及孟喜，有外黄令焦延壽者，實始嬗移易之學，如云「一陰一陽之卦自姤、復來」，「五陰五陽之卦自剥、夬來」，已髣髴得其要領。而第其所著書，費直題其前，曰：「六十四卦之變凡四千九十六章。」今所傳易林是也。夫易林本以六十四卦變之，至四千九十有六，是占變之詞與六十四卦三百八十四爻本詞不同意，必焦氏當時卦變之外另有推易，而後儒不知，混之爲一，故迄今所傳衹有易林一書，名大易通變，而移易之學無聞焉。乃東漢儒臣自馬融、鄭玄外，凡説易家如宋衷、干寶、虞翻、荀爽、陸績、侯果、蜀才、盧氏以及蔡景君、伏曼容諸儒，各守師承以立説，或主旁通，如地水師旁通爲天火同人類。或主正變，如乾正變自姤至剥，坤正變自復至夬類。或以乾坤爲父母，謂諸卦皆乾坤所出。或以泰否爲胚胎，謂泰否陰陽各均，爲諸卦包育。或兼宗六子，謂兼從六子遷變。或專本十辟，謂以復、臨、泰、大壯、夬、姤、遯、否、觀、剥爲十辟卦。辟，主也。而罣十漏一，依彼失此。初未嘗不與推移相合，究之守一則不能相通，遍易則無所自主，推一謂止移一爻，遍易謂凡爻可易。補苴傅會未免牽强。以致王弼後起，盡埽諸前儒所説，而更以清談，以爲「互體不足，遂及卦變，變又不足，推致五行」，彌縫多闕，不如盡己之爲快。而嗣此失學之徒，便于飾陋，悉屏絶漢學，專宗弼説，而于是辭、象、變、占四不存一，方、體、位、數十亡八九矣。乃考弼所註，鹵莽蔑略，不可爲訓。其萬不通處，則仍不能不襲諸舊説而竊入之。賁之「柔來而文剛」，弼曰「坤之上六來居二位」，「柔來文剛」之義也；「分剛上而文柔」，弼曰「乾之九二分居上位」，「分剛上而文柔」之義也。是即卦變也。延及趙宋，則僅曉王學而不識漢學。程頤作傳，專斥諸卦變，而考其爲傳，周章難明。其萬不通處亦終不能不仍取卦變而雜補之。損之「損下益上」，則曰「下之成兑由三變，上之成艮由上變也」；漸之「得位得中」，則曰「艮巽之交在中二爻，巽四交三以陽而易陰，艮三交四以陰而易陽也」。是即移易也。是以陳摶之徒不聞正學，反能摭京、焦餘唾，推作卦變，取移易、倒易二義雜組之，以爲變卦反對之圖，而南宋朱漢上震曾録其圖于易傳叢説之中。至朱文公熹又謂：「漢上易變祇變三爻，則似于彖傳不能盡通。」于是又别爲之圖，即易經卷首所列卦變圖也。自一陰一陽起至五陰五陽止分作五部，庶幾盡變而爻止一移，如師從初移，不復從上移類。卦無三易，如屯爲二陽所易之卦，祇從臨、遯易，不復從頤、萃易類。因于作本義時，凡一十九卦惟訟、晉二卦與圖相同，而餘即多立變法，全與圖異。如隨，據圖從泰、否來，據本義從噬嗑、未濟來類。其時，好事諸君間作僞關朗傳以實圖書之言，作僞衛元嵩元包以實先後天卦變之旨，而文殘義闕，世多未信。于是元儒朱升作十辟卦變十辟見前。并六子卦變，如二陰二陽之卦，其變在二三五上者，即是震變，以震剛在初四也；在初三四上者，即是坎變，以坎剛在二五也。而明儒來氏知德即以反對作變易，即覆卦相易，與漢上又不同。

何玄子楷專以乾、坤爲往來，此程氏、蘇氏諸卦皆自乾、坤來之説。雖名例稍殊而意不甚遠。大抵漢學又亡，浸失其舊，而趙宋以後則祇曉夫子象傳有所未解，故必須卦變，全不識文、周爲易屬辭比旨之專在乎此。所以朱氏本義其載卦變于卷首，但云象傳以卦變爲説，又云此夫子之易，而不知文、周爲易，其至今晦蝕不能盡明者，全以是也。

夫伏羲重卦，即有以移易爲名者，是周易爲辭再三致意，前既已略言之矣。第變易、移易原有不同，不名移易而僅指爲變，則其義不出。仲氏曰：「傳不云乎？『剛柔相推』，推亦變也。然而又云『觀其變而玩其占』，變所以占也。」夫子隱移易之文而謂之推，諸儒昧相推之旨而僅題以變，是舍辭象之分行，而混變占爲一義，毋亦其名不可居而三易之旨遂因之以長晦與？夫猶是五部之推，十辟之展，一陰一陽以至五陰五陽之遷化，而循其名，究其實，尋端竟委，以求盡其所未盡，湛然而深思，劃然而相悦以解。以之讀象而象明，讀象而象顯，讀十翼而十翼以著，一若三聖在天實有以牖其衷者。豈非所謂「肆而隱」，「推而能通」，「不盡言而可信」者乎？夫以三聖啓之，歷之漢、晉、唐、宋、元、明，諸儒闡之發之，而明而昧，昧而復明，續而絶，絶而復續，如是其不可沫也。予終畏其沫之也。因于作仲氏易成，取卦變諸圖彙前儒所已言者，而合之今説，以明千世一揆之意，曰推易始末。後之學易者可覽觀焉。

漢魏晉南北朝唐儒推易遺文

乾

初九　干寶曰：「陽在初九，十一月之時，自復來也。」

九二　干寶曰：「陽在九二，十二月之時，自臨來也。」

九三　干寶曰：「陽在九三，正月之時，自泰來也。」

九四　干寶曰：「陽氣在四，二月之時，自大壯來也。」

九五　干寶曰：「陽在九五，三月之時，自夬來也。」

上九　干寶曰：「陽在上九，四月之時也。」不言自來者，此正乾值月時也。

此十辟卦生乾、坤之説也。京房設十二辟卦以爲十二月卦主，復一陽子十一月，臨二陽丑十二月，泰三陽寅正月，大壯四陽卯二月，夬五陽辰三月，乾六陽巳四月；姤一陰午五月，遯二陰未六月，否三陰申七月，觀四陰酉八月，剥五陰戌九月，坤六陰亥十月。陽起于子而止于巳，始于復而終于乾；陰起于午而止于亥，始于姤而終于坤。此以卦氣直日立説，並非推移相生之義。而干令升以爲爻所自來則是乾、坤生諸卦，今反諸卦生乾、坤矣。且乾卦爻辭初何嘗有復象？二何嘗有臨象？三何嘗有泰象？其言潛、見、乾惕，並無諸卦往來之義，推之四五及上，以至于坤，皆然也。是雖著所自來，而于演易屬辭之旨何與焉？

何妥以九三爲辰月，九四爲午月，九五爲申月，上九爲戌月，孔穎達嘗非之，謂：「宜據子十一月以來，九二爲丑寅之間，九三爲寅卯之間。」此仍主干令升説，且以文言「陽氣潛藏」一段有類卦氣，故云，然總非正義。善説易者其審之。

坤

初六　干寶曰：「陰氣在初，五月之時，自姤來也。」九家易曰：「初六始姤，姤爲五月。盛夏而言堅冰，五月陰氣始生地中，雖始于微霜，而終至堅冰，明漸至也。」

六二　干寶曰：「陰氣在二，六月之時，自遯來也。」

六三　干寶曰：「陰氣在三，七月之時，自否來也。」

六四　干寶曰：「陰氣在四，八月之時，自觀來也。」

六五　干寶曰：「陰氣在五，九月之時，自剥來也。」

上六　干寶曰：「陰在上六，十月之時也。」

說見乾卦。

屯

荀爽曰：「此本坎卦。」「案〔一〕初六升二，九二降初，是『剛柔交』也。」虞翻曰：「坎二之初爲『剛柔交』。」

此六子卦母之所始。見朱楓林卦變圖。

「十年乃字，反常也。」九家易曰：「陰出乎坤，今還乎坤，故曰『反常也』。」又曰：「陰出乎坤，謂乾再索而得坎，今變成震，中有坤體，二四爲互坤。故曰還坤。」

此乾、坤主變之所始。見李挺之、何氏訂詁諸圖。

蒙

荀爽曰：「此本艮卦也。」「案二進居三，三降居二，剛柔得中，故能通，發蒙時令，得時中矣。」虞翻曰：「艮三之二爲『剛柔接』，故亨。」

〔一〕此案語爲李鼎祚說，下同。

此亦六子卦母，與屯同。

需

虞翻曰：「大壯四之五，故『有孚』。離日爲光，四之五得位正中，故『光亨』。」蜀才曰：「此本大壯卦。」「案六五降四，『有孚光亨，貞吉』；九四升五，『位乎天位，以正中也』。」

此推易也。但四陽兩陰之卦宜有四易，此祇言其一耳。按，宋晁公武讀書志曰：「蜀才世多不知，顔之推曰即范長生也。李雄稱長生爲范賢，見華陽國志。此又稱才，則其人有聲，抑可知矣。」

訟

荀爽曰：「陽來居二而孚于初，故曰『訟有孚』矣。」蜀才曰：「此本遯卦。」「案二進居三，三降居二，是『剛來而得中』也。」虞翻曰：「遯三之二也。」

此亦推易而未全者，與需同。

師

蜀才曰：「此本剥卦。」「案上九降二，六二升上，是『剛中而應，行險而順』也。」

此推易，與諸卦變皆同。

比

蜀才曰：「此本師卦。」「案六五降二，九二升五，剛往得中爲比之主，故能原究筮道，以求長正而无咎矣。」

虞翻曰：「師二上之五得位，衆陰頫從，比而輔之，故吉。」又曰：「與大有旁通。」

凡推移必有主，故一陽五陰之卦必從剥、復來，以陰陽各聚俱未分也。若師則陰已分矣。師可移比，比亦可移師，此如朱氏本義雜卦統變之法，所謂頭緒既棼，往來俱亂者。在朱氏或未見漢儒有此，然後人立説往往不能出前人郛廓，即此是也。旁通用文言「六爻發揮旁通情也」爲名。陸績註云：「乾六爻發揮變動，旁通于坤，坤來入乾以成六十四卦，故曰旁通。」此專指畫卦時變象與揲蓍時占變立説，正五易中所謂變易一例，文王演易屬辭時何嘗有此。

孔穎達曰：「正卦列兩爲對者爲變卦，即旁通也。仄卦轉兩爲一者爲覆卦，即倒易也。」

又舊儒蔡景君、伏曼容、虞氏皆有旁通之説。

小畜

虞翻曰：「需上變爲巽，與遯旁通。」

謂此從需卦上六變爲上九，易坎成巽而爲小畜，意以此卦從需來也。然全乎變易，非移易矣。且變亦無主，與後儒卦變又復不同。若其與遯旁通，則但巽與艮對變，而三陽不變，與前比、大有旁通一例又别，真不可解。

履

虞翻曰：「謂變訟初爲兑也，與謙旁通。」說見前。

泰

蜀才曰：「此本坤卦。天氣下，地氣上。」虞翻曰：「陽息坤，反否也。坤陰詘外爲小往，乾陽信内爲大來。」

此亦乾、坤主變之説。

否

蜀才曰：「此本乾卦。陽往而消，陰來而息。」虞翻曰：「陰消乾，又反泰也。」反泰爲卦綜所始，説見後。

同人

侯果曰：「九二升上，乾爻上行，曰乾行。」蜀才曰：「此本夬卦。九二升上，上六降二，則〔一〕『柔得位得中，而應乎乾』，下奉上之象也。」崔憬曰：「君子謂九二能捨己同人，以『通天下之志』。」虞翻曰：「旁通師卦。」

此亦推易，與諸卦變皆同。惟虞氏旁通說異，見前。崔憬，唐人。

大有

虞翻曰：「與比旁通。」

謙

蔡景君說：「剥上來之三。」侯果曰：「此本剥卦。乾之上九來居坤三，是『天道下濟而光明』也。坤之六三上升乾位，是『地道卑而上行』也。」荀爽曰：「乾來之坤。」虞翻曰：「乾上九來之坤，與履旁通。」

蔡、侯說，推易也；荀慈明說，乾、坤主變也；虞氏說，旁通也。

豫

〔一〕「則」，原作「剛」，據西河合集本改。

虞翻曰：「復初之四，與小畜旁通。」一推易，一旁通。

隨

蜀才曰：「此本否卦。剛自上來居初，柔自初往升上，則内動而外悦。」虞翻曰：「否上之初，『剛來下柔』，初上得正，故『元亨利貞』。」「君子以嚮晦入宴息。」侯果曰：「乾之上九來入坤初，『嚮晦』者也。坤初升兑上爲休息，『入宴』者也。」

此推易之一，與卦變同。

蠱

九家易曰：「此卦本泰來。乾天有河，坤地有水，二爻升降，出入乾、坤，故『利涉大川』矣。」虞翻曰：「泰初之上，故『剛上』；坤上之初，故『柔下』。」又曰：「泰初之上而與隨旁通。」

推易兼旁通。

臨

蜀才曰：「此本坤卦。」虞翻曰：「陽息至二，與遯旁通。」

一乾、坤主變，一旁通。

推易始末卷二

觀

蜀才曰：「此本乾卦。」虞翻曰：「觀反臨也。」

瞿塘來氏改卦變曰卦綜，以反對二卦錯綜升降求合于彖傳往來上下之文，正始于此。

噬嗑

盧氏曰：「此本否卦。乾之九五分降坤初，坤之初六分升乾五，是『剛柔分』也。」侯果曰：「坤之初六上升乾五，是『柔得中而上行』也。」虞翻曰：「否乾五之坤初，坤初之乾五，剛柔交，故亨。」

此推易之一，與卦變同。盧氏，或云即北魏國子博士盧景裕也。北史儒林傳云：「魏末大儒徐遵明講鄭玄易，傳之范陽盧景裕。」疑即是人。其不署名者，偶軼耳。

賁

荀爽曰：「此本泰卦。謂陰從上來居乾之中，文飾剛道，交與中和，故亨也。分乾之二居坤之上，上飾柔道，兼據二陰，故『小利有攸往』矣。」虞翻曰：「泰坤上之乾二，乾二之坤上，『柔來文剛，故亨。分剛文柔，故小利有攸往』。」

此亦推易之一，與卦變俱同。王輔嗣極詆卦變，然于此卦「柔來文剛」、「剛上文柔」必不能解，只得仍取卦變解之，見前總論。則漏敗矣。宋朱漢上謂「輔嗣終日數十而不知二五」，良然。若漢上謂「賁自泰來，合天地以成文」，「玄黄者，天地之雜文也」，此真能得卦義者，但祇曉卦變，不識推移，故于全易稍障礙耳。

剥

盧氏曰：「此本乾卦。群陰剥陽，故名爲剥也。」乾坤主變。虞翻曰：「陰消乾也，與夬旁通。」旁通。

復

虞翻曰：「陽息坤，與姤旁通。」

无妄

蜀才曰：「此本遯卦。」「案剛自上降，爲主于初，故『動而健，剛中而應』也。」虞翻曰：「遯上之初。此所謂四陽二陰，非大壯則遯來也。」

仲翔所説本之焦贛，故曰所謂。此正推易之所始。

大畜

蜀才曰：「此本大壯卦。」「案剛自初升，爲主于外，剛陽居上，尊尚賢也。」虞翻曰：「大壯初之上，其德『剛上』也。與萃旁通。」

頤

侯果曰：「此本觀卦。初六升五，九五降初而成頤。」虞翻曰：「晉四之初，與大過旁通。」又曰：「或以臨二之上。兑爲口，故有『口實』也。」

本觀、臨來，皆推易法。其以「自求口實」爲解，正合文王繫辭之旨。以此「口實」與下「靈龜」並觀，始知推易一法不止爲夫子彖傳設也。若虞氏又謂本晉，則正朱氏本義雜卦統變所始，頭緒亂矣。且虞氏于此卦一臨一晉一旁通，亦不可解。

「初九，舍爾靈龜，觀我朵頤。」侯果曰：「初本五也。五互體艮，艮爲山，龜自五降初，則爲頤矣。是『舍爾靈龜』之德，來『觀朵頤』之饌，貪禄致凶，『亦不足貴也』。」虞翻曰：

「晉離爲龜，四之初，故『舍爾靈龜』。」

離爲龜見說卦，但本晉無理耳。若艮爲山，龜不知所據。按，郭璞筮得大壯之頤，曰：「柔内剛外，則畜緇。是頤爲大離，原有龜象。其曰舍者，謂所觀在頤，不在大離耳，非謂舍此更他求也。」亦通。

大過

虞翻曰：「大壯五之初，或遯二之上。」又曰：「大壯，震五之初，與遯同義。」

此得兩易之法于推易也，庶幾矣。

坎

虞翻曰：「乾二五之坤，與離旁通。」

「三歲不得，凶。」虞翻曰：「乾爲歲，五從乾來，三非其應，故曰『三歲不得，凶』矣。」

此乾、坤主變說也。按，朱漢上曰三男之卦無不從乾來者，仲翔以爲乾來之坤，謬矣。此當從臨初之五，觀上之二，蓋上六一爻動不以正，故曰失道。若乾爲歲首，亦當以觀巽言之，此正所謂坎從臨來，又從觀來者，雖卦變亦推易法。

離

虞翻曰:「坤二五之乾,與坎旁通。」

咸

蜀才曰:「此本否卦。」「案六三升上,上九降三,是『柔上而剛下,二氣交感以相與』也。」

虞翻曰:「坤三之上成女,乾上之三成男,『止而説,男下女』。」推易、卦變。

恒

蜀才曰:「此本泰卦。」「案六四降初,初九升四,是『剛上而柔下』也。分乾與坤,雷也;分坤與乾,風也,是『雷風相與,巽而動』也。」

「初六,浚恒。」侯果曰:「初本六四,自四居初,始求深厚之位者也。」推易、卦變。

遯

侯果曰:「此本乾卦。陰長剛殞,君子逃避曰遯。」

大壯

侯果曰:「此卦本坤。陰柔消弱,剛大長壯,故曰大壯。」

此皆乾、坤主變之説。舊儒不知十辟卦爲聚卦,無所分來,故凡于聚卦妄扳所自,遂致難通。試于十辟彖傳平心較之,曾有「剛來柔往」、「剛上柔下」諸讚辭否?如此遯、大壯二辟卦，並無剛柔往來、内外上下一語，而署所自來，妄矣。夫子于分聚一法，大傳井井，彖傳又井井，而世日求之而日不得，何也？

晉

蜀才曰：「此本觀卦。」「案九五降四，六四進五，是『柔進而上行』。」荀爽曰：「陰進居五，處周事之位，陽中之陰，康侯之象也。」虞翻曰：「觀四之五。」

明夷

蜀才曰：「此本臨卦也。」「案夷，滅也。九二升三，六三降二，『明入地中』也。明入地中，則明滅也。」虞翻曰：「臨三之二，而反晉也。」

此推易兼卦綜者。

家人

虞翻曰：「遯初之四也。」

睽

虞翻曰：「大壯上之三，在繫蓋取无妄，二之五也。」

此皆以推易兼卦變者。若其本无妄，則尤推易中所稱子母易卦，非朱氏雜卦比也。至云在繫，以繫傳「弦木爲弧，剡木爲矢」取象于睽，當用无妄二五以互巽之繩弦、互艮之木，又以上乾之金剡互巽之木，故云。觀虞氏于繫傳亦云「无妄五之二」，可驗。

蹇

虞翻曰：「觀上反三也。」反即來也。

解

虞翻曰：「臨初之四。」

損

蜀才曰：「此本泰卦。」「案坤之上六下處乾三，乾之九三上升坤六，『損下益上』者也。」

虞翻曰：「泰三之上，『損下益上』。」

「損而有孚。」荀爽曰：「謂損乾之三居上，孚二陰也。」

「三人行則損一人。」虞翻曰：「泰乾三爻爲三人，損三之上則損一人。」

此推易、卦變俱有之。程伊川不取卦變，于此爻曰：「三陽同行則損九三以益上，三陰同行則損上六以益三。」雖與虞氏專指乾三不同，然其爲推移則一也。若張橫渠易解于損六三、上九曰：「六三本爲上六。」「上九本爲九三。」于益曰：「否卦九四下而爲初九，故曰天施地生。」亦推易法。

益

蜀才曰：「此本否卦。乾四之初。」虞翻曰：「否四之初也，『損上益下』。」

夬

虞翻曰：「陽決陰，息卦也。剛決柔，與剥旁通。」

姤

虞翻曰：「消卦也。與復旁通。」

此皆聚卦，故彖傳無剛柔往來諸語。說見前。

萃

虞翻曰：「觀上之四也。」

「上六，齎咨涕洟。」荀爽曰：「此本否卦。上九陽爻見滅遷移，以喻夏桀、殷紂。以上六陰次代之，若夏之後封東樓公于杞，殷之後封微子于宋，去其骨肉，臣伏異姓，受人封土，未安居位，故曰『齎咨涕洟，未安上也』。」

此又是占變一法。以上九變上六，將否三陽三陰之卦變爲萃二陽四陰之卦，既非移易，又非諸儒所言卦變之説，如此則何爻不可變耶？妄矣！

升

虞翻曰：「臨初之三。」

困

荀爽曰：「此本否卦。陽降爲險，陰升爲説。」虞翻曰：「否二之上，乾、坤交，故通也。」

「入於幽谷。」九家易曰：「此本否卦。謂陰來入坎，與陰同體，故曰入幽谷。」

「入於其宫。」九家易曰：「此本否卦。二四同宫爲艮，艮爲門闕，宫之象也。」

井

虞翻曰：「泰初之五也。」

「往來井井。」荀爽曰：「此本泰卦。陽往居五，得坎爲井；陰來在下，亦爲井。」

革

虞翻曰：「遯上之初，與蒙旁通。」

鼎

虞翻曰：「大壯上之初，與屯旁通。」

此前後俱推易法，衹多此旁通耳。

震

虞翻曰：「臨二之四，天地交，故通。」

艮

虞翻曰：「觀五之三也。」

漸

虞翻曰：「否三之四。」

歸妹

虞翻曰：「泰三之四。」又曰：「乾三之坤四。」

豐

「君子以折獄致刑。」虞翻曰：「此卦三陰三陽之例，當從泰二之四，而豐三從噬嗑上來之三，折四于五獄中而成豐，故『君子以折獄致刑』。」

折四于五獄謂噬嗑上降爲三，而二五成大坎，坎爲獄，故云。但從噬嗑來，則變法又亂矣。本義諸變所由來耳。

旅

姚信曰：「此本否卦。三五交易，去其本體，故曰客旅。」荀爽曰：「謂三陰升五，與陽通，曰小亨。」蜀才曰：「否三升五，『柔得中于外，上順于剛』，九五降三，降不失正，『止而麗乎明』，所以『小亨，旅貞吉』也。」虞翻曰：「賁初之四，否三之五，非乾、坤往來也。與噬嗑之豐同義。」

據姚氏說，則旅之命名亦由推易。此與損、益、升、萃諸名正同。始知推移一法在伏羲畫卦時早啓其端，不止文屬辭也。若虞氏謂兼從賁卦來，與豐本噬嗑一類，則又雜變矣。按，姚信爲九家易中之一人，應亦漢儒說易之有聲者。見釋文序録。

巽

虞翻曰：「遯二之四，柔得位而順五剛，故『小亨』。」

兑

虞翻曰：「大壯五之三也。」

涣

盧氏曰：「此本否卦。乾之九四來居坤中，剛來成坎，水流而不窮也。坤之六二上升乾四，柔得位乎外，上承貴王，與上同也。」虞翻曰：「否四之二成坎、震，天地交，故亨。」

貴王以「王假有廟」，指九五言。成坎、震，震指互卦言。

節

盧氏曰：「此本泰卦。分乾九三上升坤五，分坤六五下處乾三，是『剛柔分而剛得中』也。」虞翻曰：「泰三之五，天地交也。五『當位以節，中正以亨』，故『節亨』。」

中孚

虞翻曰：「訟四之初也。此當從四陽二陰之例，然遯陰未及三，而大壯陽已至四，故從訟來。」

「豚魚吉。」李鼎祚曰：「案坎爲豕。訟四降初，折坎稱豚；初陰升四，體巽爲魚。中二孚信也。」

中孚半聚卦，與四陽二陰之例不同，原非遯、壯所自來，若本訟，則荒唐矣。此皆朱氏本義雜卦變也。李鼎祚，唐人，輯漢、魏、六朝諸説易家爲一書，名李氏易解。

小過

虞翻曰：「晉上之三，當從四陰二陽臨、觀之例，然臨陽未至三，而觀四已消矣。又有飛鳥之象，故知從晉來也。」說見前卦。

既濟

侯果曰：「此本泰卦。六五降二，九二升五，是『剛柔正，當位也』。」虞翻曰：「泰五之二。」

未濟

虞翻曰：「否二之五也。柔得中，天地交，故亨。」

宋李挺之變卦反對圖易卦有圖，自宋人始。

朱漢上易傳曰：「李挺之變卦圖八篇，并六十四卦相生圖一篇，凡九篇，邵康節子伯溫傳之于河陽陳四丈，忘其名。陳傳於挺之。」

按，李挺字之才，授先天圖于邵康節者。此云康節之子再傳及挺，不合。當是邵氏之子受于陳四丈，丈受于挺，爲近是，然不可考矣。

乾䷀坤䷁

坤體而乾來交者三

頤䷚　小過䷽　坎䷜

乾體而坤來交者三

大過䷛　中孚䷼　離䷝

頤、小過、大過、中孚四卦爲乾、坤所生，原屬卦母，至坎、離則不合矣。

乾卦一陰下生反對變六卦

姤䷫　同人䷌　履䷉

夬䷪　大有䷍　小畜䷈

坤卦一陽下生反對變六卦

復䷗　師䷆　謙䷎

剝䷖　比䷇　豫䷏

總是五陽一陰自姤、夬來，五陰一陽自剝、復來，而以反對見異耳。此暮四朝三也。後説同。

乾卦下生二陰各六變反對變十二卦

遯　訟　无妄

大壯　需　大畜

睽　兌　革

家人　巽　鼎

坤卦下生二陽各六變反對變十二卦

臨　明夷　升

觀　晉　萃

蹇　艮　蒙

解　震　屯

乾卦下生三陰各六變反對變十二卦

否　恒　豐
泰　咸　旅
歸妹　節　既濟
漸　渙　未濟

坤卦下生三陽各六變反對變十二卦

泰　損　賁
否　益　噬嗑
蠱　井　既濟
隨　困　未濟

坤下生三陽，逐爻推易，頗有條理；乾下生三陰，不合不對，亦無條理，何也？且否、泰、二濟重見，似乎六十四卦外多此四卦，何以解之？

朱漢上易傳六十四卦相生圖亦李挺之作。漢上名震。是圖載易傳中。

乾坤者諸卦之祖䷀䷁

乾一交而爲姤䷫坤一交而爲復䷗

凡卦五陰一陽者皆自復卦而來，復一爻五變而成五卦。

師䷆謙䷎豫䷏比䷇剥䷖

凡卦五陽一陰者皆自姤卦而來，姤一爻五變而成五卦。

同人䷌履䷉小畜䷈大有䷍夬䷪

乾再交而爲遯䷠坤再交而爲臨䷒

凡卦四陰二陽者皆自臨卦而來，臨五復五變而成十四卦。

第一四變

明夷䷣震䷲屯䷂頤䷚

第二復四變

升䷭解䷧坎䷜蒙䷃

第三復三變

小過䷽萃䷬觀䷓

總移二爻則離位矣，何以見從臨來耶？

第四復二變

蹇䷦晉䷢

第五復一變

艮䷳

第四五復皆不倫，不知三卦何以分作兩復，且並無臨卦根柢，何也？後説同。本義卦變全襲此，而序次稍別。

凡卦四陽二陰者皆自遯卦而來，遯五復五變而成十四卦。

第一四變

訟䷅巽䷸鼎䷱大過䷛

第二復四變

无妄䷘家人䷤離䷝革䷰

第三復三變

中孚䷼大畜䷙大壯䷡

第四復二變

睽䷥需䷄

第五復一變

兌䷹

乾三交而爲否䷋坤三交而爲泰䷊

凡卦三陰三陽者皆自泰卦而來，泰三復三變而成九卦。

第一三變

歸妹䷵節䷻損䷨

第二復三變

豐䷶既濟䷾賁䷕

第三復三變

恒䷟井䷯蠱䷑

凡卦三陽三陰者皆自否卦而來，否三復三變而成九卦。

第一三變

漸䷴旅䷷咸䷞

第二復三變

渙䷺未濟䷿困䷮

第三復三變

益䷩噬嗑䷔隨䷐

推易始末卷三

朱文公本義卦變圖

彖傳或以卦變爲説，今作此圖以明之。蓋易中之一義，非畫卦作易之本指也。

自推易不明，凡説易家徒以夫子彖傳中有「柔來文剛」、「剛上文柔」諸語，晦塞難解，遂不得已著卦變諸説，以繹其文，然但以爲因彖傳設法，故曰「非作易本指」。觀其後又云「不得以孔子之説爲文王之説」可見也。烏知文、周屬辭專以是耶？今録其原圖，并取本義異同者，論載于下：

凡一陰一陽之卦各六，皆自復、姤而來。五陰五陽，卦同圖異。

䷖剥 ䷇比 ䷏豫 ䷎謙 ䷆師 ䷗復

䷪夬 ䷍大有 ䷈小畜 ䷉履 ䷌同人 ䷫姤

凡二陰二陽之卦各十有五，皆自臨、遯而來。四陰四陽，卦同圖異。

䷚頤 ䷂屯 ䷲震 ䷣明夷 ䷒臨

䷃蒙 ䷜坎 ䷧解 ䷭升

䷳艮 ䷦蹇 ䷽小過

䷢晉 ䷬萃

䷓觀

圖甚合推易，而本義所註又復推廣未備，雜易他卦以盡其變，深得再推三推之旨，特未獲綱要，未免取卦過雜耳。然亦幾幾得十九矣。

晉　又其變自觀來，爲六四之柔進而上行以至于五。推易。

蹇　又卦自小過而來，陽進則往居五而得中，退則入于艮而不進，故其占曰利西南，不利東北。推易。

解　且其卦自升來，三往居四入于坤體，二居其所而又得中，故利于西南平易之地。推易。

升　卦自解來，柔上居四，内巽外順，九二剛中而五應之。雜變。

自觀、自小過、自升皆推易之最精者，若升之自解則稍雜矣。解可自升，升不可自解；聚可來分，分不可來聚。故彖傳曰：「剛柔分。」又曰：「分剛上而文柔。」以爲分從聚來也。今解來變升，則是分反來變聚，將無卦不可來矣。且文公卦變專以彖傳言也。彖傳曰：「剛中而應。」正以卦自小過，移四剛居二中，故曰剛中；若移三居四，與二何涉？以此推之，得失瞭然耳。

大過　鼎　巽　訟　遯

革　離　家人　无妄

兑　睽　中孚

需　大畜

大壯

訟　且于卦變自遯而來。與圖同，推易。

无妄　爲卦自訟而變，九自二來而居于初。雜變。

大畜　此卦自需而來，九自五而上。雜變。

睽　以卦變言之，則自離來者柔進居三，自中孚來者柔進居五，自家人來者兼之。推易，雜變。

睽之彖傳曰：「柔進而上行。」則遯當兩移，而大壯又剛進不合，此所以不能不再三易也。但家人連作兩移，而離又雜變，惟中孚爲得之。彖傳又云「得中而應乎剛」，非中孚，則離與家人能得中耶？連作數移，則凡卦可易，故皆不合。

鼎　卦自巽來，陰進居五而下應九二之陽，故其占曰元亨。雜變。

凡三陰三陽之卦各二十，皆自泰、否而來

䷨損　䷻節　䷵歸妹　䷊泰

䷕賁　䷾既濟　䷶豐

䷔噬嗑　䷐隨

䷩益

泰　自歸妹來，則六往居四，九來居三也。雜變。

噬嗑　本自益卦，六四之柔上行以至于五，而得其中。推易。

賁　卦自損來者，柔自三來而文二，剛自二上而文三；自既濟來者，柔自上來而文五，剛自五上而文上。推易，雜變。

泰爲變母，安得又有所自耶？噬嗑自損，賁自益，皆推易之至精者，唯既濟稍雜耳。若噬嗑、隨、益諸卦，以圖觀之，則逐爻推易，似有條理，使單繹卦畫而以爲自泰變，則皆須連移，失變位矣。且既可自否，何必兩相溷雜如此。後説同。

隨　本自困卦九來居初，又自噬嗑九來居五，而自未濟來者兼此二變，皆剛來隨柔之義。雜變。

䷑蠱䷯井䷟恒

䷿未濟䷮困

䷺渙

䷷旅䷞咸

䷴漸

䷋否

否　自漸卦來，則九往居四，六來居三也。雜變。

蠱　或曰：剛上柔下謂卦變。自賁來者初上二下，自井來者五上上下，自既濟來者兼之，亦剛上而柔下，皆所以爲蠱也。雜變。

三移四移，推易有之，且其所取卦總在三陰三陽之中，亦無大舛，而不得綱要，便涉雜變，且與卦辭并春秋傳占變之爻皆不合。詳見折衷圖説。

咸　或以卦變言柔上剛下之義曰：咸自旅來，柔上居六，剛下居五也。雜變。

恒　或以卦變言剛上柔下之義曰：恒自豐來，剛上居二，柔下居初也。雜變。

漸　此卦之變自渙而來九進居三，自旅而來九進居五，皆爲得位之正。雜變。

渙　其變則本漸卦，九來居二而得中，六往上居三得九之位，而上同于四。雜變。

䷞咸䷷旅䷴漸䷋否

䷮困䷿未濟䷺渙

䷯井䷑蠱

䷟恒

䷐隨　䷔噬嗑　䷩益

䷾既濟　䷕賁

䷶豐

䷻節　䷨損

䷵歸妹

䷊泰

凡四陰四陽之卦各十有五，皆自大壯、觀而來。二陰二陽，圖已見前。

䷙大畜　䷄需　䷡大壯

䷥睽　䷹兌

䷼中孚

䷝離　䷰革

䷤家人

䷘无妄

䷱鼎䷛大過

䷸巽

䷅訟

䷠遯

䷬萃䷢晉䷓觀

䷦蹇䷳艮

䷽小過

䷜坎䷃蒙

䷧解

䷭升

䷂屯䷚頤

䷲震

明夷

臨

凡五陰五陽之卦各六，皆自夬、剥而來。一陰一陽，圖已見前。

大有　夬

小畜

履

同人

姤

比　剥

豫

謙

師

䷗復

一陰一陽即五陰五陽，二陰二陽即四陰四陽，猶是此卦而兩下分屬，終屬不合。若三陰三陽竟可以泰、否截然兩分，如蠱、井、恒、豐、既濟、賁、歸妹、節、損九卦自當屬泰；若屬否，則離位矣；噬嗑、隨、益、涣、困、未濟、漸、旅、咸九卦自當屬否，若屬泰，則脱胚胎矣。而彼此溷列，青黄糅雜，所謂宜合不合，宜分不分者。此文公所以既爲此圖，而每卦所註仍不用也。註凡十九卦，惟訟卦與圖相合。

元朱楓林十辟卦變圖

朱名升，仕明爲學士，相傳是圖元末所作。

漢儒以一陽復，一陰姤，二陽臨，二陰遯，以至六陽乾，六陰坤，爲十二辟卦。其乾、坤純陽純陰无變，外餘十卦各以其畫變。

以十辟爲主，與推易同。若其分内外卦體，雖從反對相生諸圖參會之而稍變其説，然于推易較親切矣。此卦變之極則也。

一陽在内體自復變

師䷆復初與二相易　謙䷎復初與三相易

一陽在外體自剥變

豫䷏剥上與四相易　比䷇剥上與五相易

一陰在内體自姤變

同人䷌姤初與二相易　履䷉姤初與三相易

一陰在外體自夬變

小畜䷈夬上與四相易　大有䷍夬上與五相易

分内外體有與爻辭未合者，如豫之「鳴豫」當自復，履之「夬履」當自夬也；其他不合者尚多，以但顧彖傳不顧卦象耳。詳見後折衷圖説，兹不具述。

二陽在内體自臨變

升䷭臨初與三相易　明夷䷣臨二與三相易

二陽在外體自觀變

晉䷢觀五與四相易　萃䷬觀上與四相易

二陰在内體自遯變

无妄䷘遯初與三相易　訟䷅遯二與三相易

二陰在外體自大壯變

需䷄大壯五與四相易　大畜䷙大壯上與四易

二陽在内體一陽在外體自泰變

恒䷟泰初與四相易　井䷯泰初與五相易

蠱䷑泰初與上相易

豐䷶泰二與四相易　既濟䷾泰二與五相易

賁䷕泰二與上相易

歸妹䷵泰三與四相易　節䷻泰三與五相易

損䷨泰三與上相易

二陰在内體一陰在外體自否變

益䷩否初與四相易　噬嗑䷔否初與五相易

隨䷐否初與上相易

渙䷺否二與四相易

困䷮否二與上相易

漸䷴否三與四相易

咸䷞否三與上相易

未濟䷿否二與五相易

旅䷷否三與五相易

六子卦變圖

二陰二陽之卦，其專在内體，或專在外體者，自臨、觀、遯、壯而變；其分在内外兩體者，自六子卦而變。

六子主變亦無不可，第推變之例，一爻可受數易，一卦不容施兩變，以多變則展轉無定準也。六子每卦施兩變，故是不合。若何玄子謂：「陰陽始于一，而終于六。六子之卦亦十辟卦中所生。」則竟以卦氣説卦變，姤、復生臨、遯，臨、遯生否、泰，將乾、坤亦十辟所生卦矣。此干令升説，不可訓也。

二陽在三五兩位二上兩位自震變，避初四也

蹇䷦震初與五相易四與三相易

蒙䷃震初與上相易四與二相易

二陽在三四兩位初上兩位自坎變，避二五也

小過䷽坎二與四相易三與五相易

頤䷚坎二與上相易五與初相易

二陽在二四兩位初五兩位自艮變，避三上也

解䷧艮三與五相易上與二相易

屯䷂艮三與五相易上與初相易

二陰在三五兩位二上兩位自巽變，避初四也

睽䷥巽初與五相易四與三相易

革䷰巽初與上相易四與二相易

二陰在三四兩位初上兩位自離變，避二五也

中孚䷼離二與四相易五與三相易

大過䷛離二與上相易五與初相易

二陰在二四兩位初五兩位自兑變，避三上也

家人䷤兑三與四相易上與二相易

鼎䷱兑三與五相易上與初相易

試以彖傳證之：

訟剛來而得中。自遯變，剛自三來二。

隨剛來而下柔。自否變，剛自上卦來初，而下于二三之柔。

蠱剛上而柔下。自泰變，剛自初上上，柔自上下初。

噬嗑柔得中而上行。自否變，柔自初上行至五。

賁柔來而文剛，分剛上而文柔。自泰變，上之柔來二而文下卦之剛，分二之剛往上而文上卦之柔。

无妄剛自外來而妄爲主于内。自遯變，剛在下卦中畫之外，自三來初，居中畫之内而爲卦主。

大畜剛上而尚賢。自大壯變，剛自四上上，以其爲賢而尚之，俾居二柔之上。

咸柔上而剛下。自否變，柔自三上上，剛自上下三。

恒剛上而柔下。自泰變，剛自初上四，柔自四下初。

晉柔進而上行。自觀變，柔自四進而上行至五。

睽柔進而上行。自巽變，柔自初進而上行至五。

蹇利西南往得中也。自震變，震初往上易五，而得上卦之中。

解利西南，往得衆也。其來復吉，乃得中也。自艮變，艮三往上易四，則下卦成坤，得衆也。艮上來復于下而易二，乃得下卦之中也。

損損下益上，其道上行。自泰變，損下卦之剛，益上卦之柔，其剛所由之道自三上行至上。

益損上益下，自上下下。自否變，損上卦之剛，益下卦之柔，其剛自上卦之四下下卦之初。

鼎柔進而上行。自兑變，柔自二進而上行至五。

漸進得位。自否變，自三進四而剛柔各得正位。

渙剛來而不窮，柔得位乎外而上同。自否變，剛自四來二，得中而不居窮極之位；柔自二往四，得正位而上同于二剛。

明瞿塘來氏卦綜圖

來氏名知德，蜀人，作易註，稍宗漢學，世之不聞漢學者争以爲異，頗稱之。但不講卦變，竊取卦之反對者名之爲綜，其不反對者名之爲錯，以爲彖傳所云「剛來」、「柔進」皆從兩卦上下錯綜而得之，遂改卦變爲卦綜。然仍多不合，蓋推易、倒易截然兩事，而欲强溷而一之，宜其舛也。來氏舉嘉靖鄉試，以易學薦授翰林院待詔，予同館生。有編之入明史儒林傳者。夫祇得漢學十分之一，而世競傳之且至如此。然則漢學可少耶？

剛來而下柔　䷄需

據例，以兩卦爲顛倒上下，則所云「剛來下柔」，將必需上之剛可下于訟之柔也。今在需爲乾内坎外，在訟爲坎内乾外，二五皆陽則上下皆剛。下之坎剛所自有，何藉于來？上之乾三剛如故，從未來下。夫卦變之所以紛紛者，祇爲此彖傳數語也。今開手一卦，而彖傳矛盾乃爾，況其他乎！則亦何足辨卦變耶！

柔得尊位大中而上下應之　大有同人　柔得位得中而應乎乾

剛上而柔下　蠱隨　剛來而下柔

柔來而文剛分剛上而文柔　賁噬嗑　剛柔分柔得中而上行

何氏訂詁曰：「賁與噬嗑反對，初上皆陽，二五皆陰，兩卦同也。何得以賁之六二來自噬嗑之六五，而噬嗑之初九分而爲賁之上九乎？且既云『文剛』、『文柔』，則必先有純剛純柔之體，而後剛柔來文之。」豈有剛自剛，柔自柔，而漫然曰分、曰來、曰文者？誤矣！誤矣！

剛上而尚賢　大畜无妄　剛自外來而爲主于內

剛上而柔下　恒咸　柔上而剛下

明夷晉　柔進而上行

〔家人〕䷥睽　柔進而上行得中而應乎剛

解利西南，往得衆也。其來復吉，乃得中也　〔解〕䷦蹇　蹇利西南往得中也

損上益下自上下下　〔益〕䷨損　損下益上其道上行

〔豐〕䷷旅　柔得中乎外而順乎剛

剛柔分而剛得中　〔節〕䷺渙　剛來而不窮柔得位乎外而上同

推易始末卷四

何氏乾坤主變圖

何氏名楷，閩人，明儒經學之最有聲者，著周易訂詁，此圖其所創也。

訂詁曰：「竊謂往來上下者實皆乾、坤所爲，程正叔謂：『乾、坤變而爲六子，八卦重而爲六十四，皆繇乾、坤之變。』蘇子瞻亦謂：『易有剛柔往來、上下相易之説，學者沿是，争推其所從變，此大惑也。剛柔相易皆本諸乾、坤而已。』愚嘗感其言，并有取于『乾來化坤成三男，坤來化乾成三女』之説而廣推之，因以合于乾、坤主變之旨，覺從來穿鑿附會之喋喋，皆可省也。訂説如左。」

總由卦變、卦綜統繙之，有甚合處，即有不盡合處，大抵四陽四陰後則皆不盡合者也。朱文公譏漢上卦變于三爻外便覺難通，正坐此耳。

乾、坤祇生三畫卦，則三畫卦無出于六子者。此即乾、坤生六子之法，而暮四朝三者也，非卦變也，況其多不合也。

乾䷀

坤䷁

乾三畫下，坤三畫上曰泰䷊，故卦辭曰：小往大來。

坤三畫下，乾三畫上曰否䷋，故卦辭曰：大往小來。

乾上畫來，坤上畫往曰咸䷞；坤初畫來，乾初畫往曰恒䷟。咸之彖曰：柔上而剛下；恒之彖曰：剛上而柔下。

乾上畫來，坤中畫往曰困䷮；坤中畫來，乾初畫往曰井䷯。困之彖曰：剛掩也。謂上陽來爲坎中之九二也。井之彖曰：巽乎水而上水。謂初陽往爲坎中之九五也。

乾上畫來，坤初畫往曰隨䷐；坤上畫來，乾初畫往曰蠱䷑。隨之彖曰：剛來而下柔；蠱之彖曰：剛上而柔下。

乾中畫來，坤上畫往曰旅䷷；坤初畫來，乾中畫往曰豐䷶。旅之彖曰：柔得中而順乎剛；豐之彖不用卦變。

乾中畫來，坤中畫往曰未濟䷿；坤中畫來，乾中畫往曰既濟䷾。未濟之彖曰：柔得中也。指六五。既濟之彖曰：柔得中也。指六二。

乾中畫來，坤初畫往曰噬嗑䷔；坤上畫來，乾中畫往曰賁䷕。噬嗑之彖曰：柔得中而上行；賁之彖曰：柔來而文剛，分剛上而文柔。

乾初畫來，坤上畫往曰漸䷴；坤初畫來，乾上畫往曰歸妹䷵。漸之彖曰：進得位，往有功也；歸妹之彖曰：无攸利，柔乘剛也。

乾初畫來，坤中畫往曰渙䷺；坤中畫來，乾上畫往曰節䷻。渙之彖曰：剛來而不窮，柔得位乎外而上同；節之彖曰：剛柔分而剛得中。

上同無解。即剛柔分亦不見有分合蹤蹟，立言必有爲，豈無故而漫下此數字者？

乾初畫來，坤初畫往曰益䷩；坤上畫來，乾上畫往曰損䷨。損上益下曰益，損下益上曰損，皆以陽言之。

右三陰三陽之卦二十，而皆有往來上下之義，惟豐無之，皆從乾、坤往來者。此外獨有四陽之卦三：訟䷅之彖曰：剛來而得中；大畜䷙之彖曰：剛上而尚賢；无妄䷘之彖曰：剛自外來而爲主於内。皆從乾生者也。

此則不盡合者矣。四陽從乾生，則必此卦外另有一乾卦矣。且此有四乾，則生此者必六乾卦矣。六乾皆剛，知此剛從何爻來？六剛皆可來，則必不卻二五矣，何以曰來而得中？且卦之有上下，有内外，以兩體言也。今混然六爻，不辨兩體，縱有所來，亦焉知其自内自外，自下自上？而彖傳鑿鑿然曰剛上，曰自外來，曰爲主于内，此非可胡突應也。

四陰之卦二：晉☶☷之彖曰：柔進而上行；升☷☴之彖曰：柔以時升。皆從坤生者也。自餘无取往來之義者矣。

升進無解。且何以曰上行，曰時升也。

推易圖見仲氏易卷首，兹不再述。

推易折衷圖

此則予之折衷于諸儒者也。推易之説雖發自仲氏，而諸儒實先啓之。西京以後，六季以前，必有早爲是説者，而漢學中衰，遂致淪没。兹從列代論變一綫相沿者稍糸訂之，以求合于仲氏之旨，第學荒識淺，諸所未備，實賴後之多學者并論辨焉。

不易卦謂無所移易也。

乾䷀ 通作變母，惟仲氏謂乾、坤生六十四卦，此羲畫變易也。若周易繫辭，則乾、坤不與諸卦相移易，乾鑿度所云「不易卦」是也。况細繹經文，並無通變蹤蹟耶。干寶謂「乾、坤從十辟卦來」，更顛倒無理。

坤䷁ 上同。

聚卦謂陰陽各聚于一方，爲分移之主也。

復䷗ 通作變母，推易同。變卦反對圖謂「坤卦一陽下生」，則何卦不本乾、坤，失首從矣。

剥䷖ 朱文公圖、六十四卦相生圖、變卦反對圖俱謂「剥自復來」，惟十辟卦變分作變母，與推易同。盧氏謂「剥本乾卦」，此乾、坤主變并反對圖説所始。説見前。

臨䷒ 通作變母，推易同。蜀才謂「臨本坤卦，觀本乾卦」，亦乾、坤主變、反對圖説所始。説見前。

觀䷓　十辟卦變觀、臨分母，與推易同。若文公圖「觀本臨，臨亦本觀」，互爲其根，與六十四卦相生圖謂「觀自臨來」俱不合。

泰䷊　通作變母，推易同。何氏訂詁謂「乾三畫下，坤三畫上曰泰；坤三畫下，乾三畫上曰否」，則是因重之法，非卦變也。卦變無三爻並移者。此言往來，謂本卦六爻自相來去，未嘗有他卦相移易也。以内外兩卦往來而妄認作他卦之變，胡突甚矣。若文公本義又改圖説，以爲泰本歸妹，似以泰之九上有「帝乙歸妹」文也，不知此歸妹以互體震、兑及之，長男幼女兩適相合，故云。豈有本其卦而即引用其文者？况兩卦推移皆在三四。諦審泰、否，其于三四兩爻，則全無歸妹、漸蹤蹟，是泰易歸妹，非歸妹易泰也。不然，困、井、豐、旅其爲可移者，何止此矣。蜀才謂「泰本坤卦，否本乾卦」，此乾、坤主變與反對圖説所始。説見前。

否䷋　見上。

遯䷠　通作變母，推易同。侯果謂「遯本坤卦，大壯本乾卦」，此乾、坤反對所始。説見前。

大壯䷡　十辟卦變遯、大壯分母，與推易同。文公圖「遯本大壯，大壯亦本遯」，相生圖謂「大壯自遯來」，俱不合。

姤䷫ 通作變母，推易同。

夬䷪ 十辟卦變夬、姤分母，與推易同。文公圖姤、夬互母，與相生圖「夬自姤來」俱不合。若反對圖乾下生姤，則又乾、坤主變所始，非是。説見前。

半聚卦謂或陽聚，或陰聚也。本卦無所來而分之，有可往亦聚主矣。

中孚䷼ 中孚本二陰間四陽之卦，小過本二陽間四陰之卦，既有所間，非聚卦矣。然而臨、觀之二陽聚者，不能移而爲小過；遯、大壯之四陽聚者，不能移而爲中孚。以推移之法祇以一爻作往來，無兩爻往來之例。臨、觀兩陽在初上二五，不能通移至三四；遯、大壯四陽俱在三四，不能通移至初上二五，則豈分卦可隸乎？虞仲翔謂「中孚自訟來，小過自晉來」，則凡四陽四陰者皆可來也。反對圖謂「二卦從乾、坤所生」，則凡有陰陽奇偶者，何一非其所生也？若六子卦變謂「中孚從離易，小過從坎易」，文公圖謂「中孚從遯、壯來，小過從觀、臨來」，相生圖謂「中孚本遯卦，小過本臨卦」，則皆須兩爻連易，非變例矣。

小過䷽　見上。

子母聚卦謂本卦爲他卦所移爲子，然又可移之作他卦爲母，曰子母聚。如移否之上九爲九三而爲咸，是咸爲否子。然又可移咸之九五爲九二而爲恒，是咸又爲恒母。他卦同。

咸䷞否三上易，恒二五易。　通作自否來，惟相生圖自泰，與柔上剛下不合。若文公圖本泰、否，而本義又謂「自旅」，則變例亂矣。近爻皆可移，則何不可自漸、困也？至再推自恒，則遍審諸卦爻辭，歷歷可驗。見仲氏易。後卦倣此。

恒䷟泰初四易，咸二五易。　通作自泰來，惟相生、反對二圖俱作自否，與剛上柔下不合。若文公圖本泰、否，而本義又作自豐，不合。說見前。

損䷨泰三上易，益二五易。　通自泰來。

益䷩否初四易，損二五易。　通自否來。但二卦二五俱有「益之十朋之龜」語，此損、益二五相易之驗也。

萃䷬觀四上易，小過三五易。　通作自觀。若相生自臨，反對始臨，文公圖本觀、臨，則臨須兩爻連易，非變例矣。

升䷭臨初三易，小過二四易。　通自臨來。然彖傳「柔以時升」，若非小過，則臨用剛升，非柔升矣。至爻辭九二「利用禴」而六四曰「亨于岐山」，正以升剛事人，升柔祀鬼。小過本升柔耳。又三爲人位，四爲鬼位。見鄭康成説。

頤䷚觀初五易，臨二上易。

文公圖同，侯果本觀、虞翻本臨皆同。但翻又云「本晉」，不合。餘通自臨來。若朱升作會通，亦云「自觀」，而作六子變圖又曰「自坎」，其無專見如此。

大過䷛大壯初五易，遯二上易。

文公圖同。餘通自遯來，六子作自離。説見前。

无妄䷘遯初三易，中孚二四易。

通作自遯，朱本義又作自訟，不合。説見前。

大畜䷙大壯四上易，中孚三五易。

通作自大壯，本義又作自需。見前。

分卦此則陰陽分矣。

凡一陽五陰之卦皆自剥、復而來

剥䷖復䷗二易卦。

師䷆剥上二易，復初二易。

蜀才云：「此本剥卦。」餘通作自復來。

謙䷎剥上三易，復初三易。

侯果本剥卦，餘通自復。第彖傳「天道下濟，地道上行」，則剥、復均有之，上五天道，初二地道也。

豫䷏剥上四易，復初四易。通自復來，惟十辟卦變以師、謙陽在内從復，豫、比陽在外從剥。則豫卦初爻曰「鳴豫」，從復、震來，震爲鳴；上爻「成有渝」從剥、艮來，成言乎艮。以一卦而兼剥、復，未嘗分内外也。凡推易之法，多以卦爻相體驗，與卦變但合彖傳不同。見仲氏易。

比䷇剥上五易，復初五易。通自復，惟十辟自剥。第初爻「盈缶」當自復，以復之下震有缶象；上爻「无首」當自剥，以剥之上剛有首象也。

凡二陽四陰之卦皆自臨、觀而來

臨䷒觀䷓

又推　頤䷚小過䷽萃䷬升䷭四易卦。

屯䷂臨二五易，觀初上易。又萃初四易，頤五上易。相生自臨。凡二陽卦俱同。文公圖本臨、觀，凡二陽卦俱同。與推易同。第不識萃、頤，便屬漏義。蘇子瞻謂「剛柔相易，必子女相值之卦」，此或未然。但陰陽對易，則于此不能無奇偶匹配之意。故屯凡三言「婚媾」，三言「乘馬」，無非以移易處見男女往來。若止臨卦一易，則上爻「乘馬」，四爻

「婚媾」，何所著落？此萃、頤再推，所爲必不可已者。至虞翻謂「本坎」，六子謂「本艮」，則但取新變，全無把鼻，于易義何與焉？

蒙䷃臨初上易，觀二五易。又升三上易，頤初二易。諸儒凡二陽卦多謂自臨、觀來，與推易同。已後七卦不再述。第此必推升、頤者，本卦六三「勿用取女」，以升之三剛與上柔應，此我當取之女也，今易之，而彼剛此柔，勿用取矣，故云「若」。又云「見金夫」，則以三本兑中，易爲艮上，兑爲金女，艮即金夫，此非秋胡貽金可得亂入文口中者。至若六五象傳曰「順以巽也」，向非。觀爲巽、坤，升爲坤、巽，則在蒙在臨，並無坤順巽遜二義，而象傳所及，一如觀象所云「巽而順」，升象所云「順而巽」者。此豈無端偶合者耶？至虞氏本艮，六子本震，無理。見前。

坎䷜臨初五易，觀二上易。又升三五易，萃二四易。通自臨、觀。但六三來之坎，坎當從升五來，若觀、臨，則焉能及三耶？

晉䷢觀四五易，小過三上易。又萃五上易，頤初四易。蜀才本觀，若卦辭「康侯」，則以頤有下震，小過有上震，震爲侯故也。設止觀卦一易，則安有侯象？脱辭義矣。餘見前。

明夷䷣臨二三易，小過初四易。又升初二易，頤三上易。　六二「夷于左股」，以升之下巽爲股，易則夷之。九三「得其大首」，以頤之上剛爲首，降而爲三則得之也。

蹇䷦觀三上易，小過四五易。又升二五易，萃三四易。　通作自觀，與推易同。第彖傳曰「往得中也」，若觀上居三，並非得中，以外易內，來而非往，此文公本義所以舍觀、臨而取小過也。特漢後卦變從未及小過，而文公及之，真是卓識。惜推易未開，不能并及升、萃耳。

解䷧臨初四易，小過二三易。又升三四易，萃五二易。　通作自臨，與推易同。但彖傳曰「其來復吉，乃得中也」，臨以初往易四，非來非中，惟小過與萃則一以三易二，一以五易二，皆來而得中。其又自臨、升者，以卦辭有「攸往」云耳。本義作自升，甚善。說見前。

震䷲臨二四易，小過初三易。又萃五初易，頤上四易。

艮䷳觀五三易，小過四上易。又升二上易，頤初三易。

凡三陽三陰之卦皆自泰、否而來

泰䷊否䷋

又推　咸䷞恒䷟損䷨益䷩三易卦。

隨䷐否初上易。又咸初三易，益四上易。通作自否，而文公圖以否、泰首尾通變與乾、坤主變統以否、泰，概三陽三陰變例，俱有未合。後十三卦同。故本義又作自困、自噬嗑、自未濟，與變圖異，特不得領要，按之易文，仍齟齬耳。

蠱䷑泰初上易。又恒四上易，損初三易。通作自泰。即程頤不尚卦變，亦云「乾初之上」，「坤上之初」，獨本義作自賁、自井、自既濟，此與春秋傳秦伯伐晉，三帥渡河，并三去三敗諸筮詞頗合。但既濟二變，初二一變，五上一變。卦雖三而變有四，「三帥三敗」仍然不侔，且筮詞曰「涉河」、「侯」、「車」、「敗」。凡爻隔一剛便成坎象，踰剛相易，故曰「涉河」。今賁、井、既濟，其所變未嘗隔剛爻也。況侯之與車，皆屬震象，三卦無震，何有侯車？則非泰、損「渡河」與恒、震「車敗」不可矣。推易之精，無往不合，此尤其顯然者。詳仲氏易。

噬嗑䷔否初五易。又損二四易，益四五易。通作自否，獨本義作自益最合。但九四「得金矢」，以一剛橫坎中，損、益二五並與四易，一若矢之駢集者，故云。且損下爲兑，益上爲巽，兑金巽木，合爲金矢，若有益無損，則取象未備，何以解之？

賁䷕泰二上易。又損二三易，益三五易。通自泰，本義作自損最合。但又云自既濟，則不然。

困䷮否二上易。又咸二三易，恒三五易。通自否。若虞翻謂「震爲言，折入兑，故『有言不信』」，則惟恒卦有上震。此即推易之善變者。

井䷯泰初五易。又咸二四易，恒四五易。

漸䷴否三四易。又咸四上易，益初三易。通自否，本義作自涣、自旅，以彖傳有「進得位」、「剛得中」語。若否上移下則非進，以四易三非得中也。但二三無涣蹤蹟，而四曰「順巽」，非益四坤順不可矣。

歸妹䷵泰三四易。又損四上易，恒初三易。

豐䷶泰二四易。又咸初五易，恒初二易。虞翻作自噬嗑來，不合。

旅䷷否三五易。又咸五上易，恒二上易。虞翻作自賁。此火山山火交易對例，與移易何涉！

涣䷺否二四易。又益初二易，損初五易。本義作自漸來。駁見本卦。

節䷻泰三五易。又益二上易，損五上易。

既濟䷾泰二五易。又咸初四易，益三上易。九三「伐鬼方」，惟益三上易，有坤有艮，坤爲方，艮爲鬼冥門；六四「衣袽」，惟咸初四易，一陽中虛，有敝絮塞舟之象。

未濟䷿否二五易。又損初四易，恒三上易。推易無處不合，如此卦皆作自否。虞仲翔釋上九一爻亦從推易法，以否卦解之。上九「有孚于飲酒，濡其首」，以爲乾爲首，乾五降二爲坎中，則乾首埋坎酒中矣，故曰「濡其首」。亦甚精確。第不知上自恒易，以恒三之乾易之，在互坎之上，則乾首、坎酒即在上爻中，得之。若從否五降，則宜作六五爻辭，非上九辭也。推易之精，其絲毫不可爽又如此，他可知矣。

凡四陽二陰之卦皆自遯、大壯而來

遯䷠大壯䷡

又推中孚䷼大過䷛大畜䷙无妄䷘四易卦。

需䷄大壯四五易，中孚三上易。又大畜五上易，大過初四易。相生皆自遯，反對皆從乾，下生二陰。文公圖皆兩自遯、大壯，餘亦各有相同者。後八卦倣此。

訟䷅遯二三易，中孚初四易。又无妄初二易，大過三上易。六三「食舊德」，猶是六爻排連，何新何舊？惟以三陰從大過之上兑來，今反欲訟上，是以我所自來之兑口而還以訐之所來，比之于我有舊德而今反噬没之也。則大過所必推矣。

離䷝遯初五易，大壯二上易。又无妄三五易，大畜二四易。

家人䷤遯初四易，中孚二三易。又无妄三四易，大畜二五易。

睽䷥大壯三上易，中孚四五易。又无妄二五易，大畜三四易。通作自大壯，于彖傳「柔進而上行」不合。此本義所以又自中孚來，此真推易卓見也。第柔進二五易則在无妄尤切耳，若爻辭于推易無不曲驗。祇此二五之易，惟從无妄來，故二曰「遇主」，五曰「厥宗」，一宗一主，兩兩照應。宋、元後儒不解推易，致宗主二字于初三四上諸爻，東推西認，無一是處，然則推易可忽耶？

革䷰遯初上易，大壯二五易。又无妄三上易，大過初二易。虞翻祇作自遯，不合。若爻辭「革言三就」，當從遯、大壯、大過三卦有乾言者，遍驗而得之。推易之不應偏執如此。

鼎䷱遯二五易，大壯初上易。又大畜初四易，大過五上易。虞翻祇作自大壯，本義又作自巽，俱不合。

巽䷸遯二四易，中孚初三易。又大畜初五易，大過四上易。

兑䷹大壯三五易，中孚四上易。又无妄二上易，大過初三易。

凡五陽一陰之卦皆自姤、夬而來

姤䷫夬䷪二易卦。

同人䷌姤初二易，夬上二易。　通作自姤，惟蜀才作自夬。文公圖姤、夬兩易，與推易同。若反對作乾卦下生一陰，與一陽五陰相對，按之易文，多未驗。後三卦倣此。

履䷉姤初三易，夬上三易。　虞翻作自訟，不合。若通作自姤，則九五明云「夬履」，似有意點夬字者。且上九「其旋」，從來無解，亦正以六三爲夬上所易，儻能四上乾，還之三剛，則夬雖缺一，立返純乾，故曰「元吉」。此正夬、姤不可偏廢處，言變者未省耳。

小畜䷈姤初四易，夬上四易。　虞翻作自需，不合。至九三「夫妻反目」，則倍難解說。三上皆陽，相敵不相應，祇一六四而正應在初，與三無涉。從來爻辭並無奇偶不相當，陰陽不相值，而可以漫易言夫婦者。乃審之推易，則夬上一陰原爲三配，而今易在四，雖匹合之情亦既決絕，然猶三四同宮，並處人道，則于斯猶不能無夫妻之名，而實則四居離中，離有目，而究相反也。然則夬之不可少有如是者。其他推易諸左驗，在各卦諸辭，歷歷可指。見仲氏易。

大有䷍姤初五易，夬上五易。

河圖洛書原舛編

河圖洛書原舛編

河圖、洛書其並見于經者，惟易大傳曰：「河出圖，洛出書。」而尚書顧命篇曰：「天球河圖在東序。」天球河圖與赤刀大訓相對，則大訓、河圖並典籍之類。自後儒不信圖書，致俞琰謂「圖書即球石之類」，非是。論語曰「河不出圖」，則單言河圖。然其名則自古皆有之。大抵圖爲規畫，書爲簡册，無非皆典籍之類，第未嘗實指爲是何規畫，是何簡册。而其所以出之者，則又未知誰將之，誰取之也。自竹書紀年謂「龍圖出河」，黄帝五十年天霧三日三夜，龍圖出河。則繫圖以龍。帝王世紀曰「河出龍圖，洛出龜書」，則又繫書以龜。然亦未知龍與圖何涉，龜與書何與。至鄭康成謂「河圖、洛書皆龜龍啣負而出」，則然後知龜龍者即將圖書之物也。故從來記載家，皆有云龍負圖、龜啣書者。乃戴記禮運篇曰：「河出馬圖。」而當時孔安國則又云：「伏羲氏王天下，龍馬出河；禹治水時，神龜負文。」則又稱龍爲龍馬。或曰：龍馬，周禮夏官：「馬八尺以上爲龍。」非龍首馬身者。此因後儒有以龍馬爲怪，故云。然張南士嘗曰：「俗不以河出圖爲怪，而以龍馬爲怪，非馬腫背乎。」此與楊雄覈靈賦「河序龍馬，洛貢龜書」正同，故尚書中候緯書。亦曰：「龍馬啣甲，甲似龜背。」此言龍馬身啣甲似龜也。又云：「赤文緑色，衺廣九尺。」其稱爲龍馬，亦正相合。而特其云龍馬似龜，則又龜龍兩物略無分別。然且諸如所言，究不知所啣所負者，其爲圖與書所載何等？惟淮南子曰：「河出丹書，洛出緑圖。」此又書圖互異。以爲黄帝夢兩龍，以白圖授帝，帝乃齋于河洛之間，受蘭采朱文，謂之緑圖，則丹文緑質，儼然書册。易會曰：「古文有畫無點注，凡點注皆後起之文。」則圖爲規畫，必不當以點注爲圖，故蔡西山父子改爲旋毛、甲坼，竪畫以文飾之，實則圖、書真僞全不在此。而鄭康成註大傳，引春秋緯云：「河以通乾出天苞，洛以流坤吐地符。河龍圖發，洛龜書感。河圖有九篇，洛書有六篇。」此即易大傳「河出圖，洛出書」註。則直指之爲簡册之物。此漢代近古似乎可案者。特其在當時，圖書所用，未嘗分屬，即易大傳並指「聖則」，亦第並法之爲畫卦之用。不知孔安國又何所據，謂「龍馬出河，伏羲則其文以畫八卦；神龜負文，禹遂因而第之以成九類」。大傳圖畫，伏羲並法以畫卦，則不出自禹時可知。乃言禹治水時，神龜負文，誤矣。若洪範非洛書。其説見後。而劉歆又承其説，謂「伏羲氏繼天而王，受河圖而畫之，八卦是也。言因以畫卦，非謂圖即卦也。下書同。禹治洪水，賜洛書，法而陳之，九疇是也」。而于是知河圖、洛書又截然兩分，河圖屬卦，洛書屬疇。乃王充著論，直謂「河圖從河水中出，八卦是也」。此言圖即卦，與班氏言範即書同。而班固有云：「尚書洪範自『初一』至『次九』六十五字，即洛書之文。」止此六十五字是本文，其他文俱非是。雖説亦未確，然與鄭氏書篇義合。則既以圖、書爲卦、疇分屬，而又以圖文即卦，書文即疇，無俟取法。雖其説皆未確，然在漢諸儒彼我相傳，其參差不過如此。即圖、書中文在中候緯書，又以爲「龜甲之上有列宿斗正之文，帝王録紀興亡之數」。此皆讖緯之學，雜以方術，不足信者。故自漢代説易家由施、孟、梁丘、京、焦、費、趙以至馬、鄭、虞、荀、何晏、陸績、干寶、王肅，以及孔穎達、陸德明、李鼎祚諸家，各有論著，而其爲圖、書，則皆云無有。即易緯妄推其説，亦不過指之爲文字之類，如河圖要元篇可驗也。楊慎談苑醍醐載河圖要元篇云：「勾令之壇，其間有陵，兵病不起，洪波不登。」又曰：「乃有地脉，土良水清，勾曲之山，金壇之陵，可以度世，上昇曲成。」河圖讖緯其名目有：河圖括地象，河圖稽命曜，河圖挺輔佐，河圖帝通紀，河圖録運法，河圖真鉤，河圖著命，河圖矩起，河圖天靈，河圖祕徵，河圖玉版，河圖八文。洛書讖緯其名目有：洛書録運法，洛書稽命曜等。今皆不傳。

乃趙宋之世，當太平興國之年，忽有華山道士陳搏者，搏字圖南，號希夷，亳人，隱居華山爲道士。驟出河圖、洛書并先天圖、古易以示世，稱爲三寶，一古易，一先、後天卦圖，一河圖、洛書。吴草廬曰：「陳摶從方技家得此三寶。」並不言授自何人，得自何處，傳自何家，出之何書之中，嬗之何方術技士之手，當時見之者亦未之信。惟游其門者有种放、李漑，一作李漑。二人深契其説，而放受先天四圖，一伏羲八卦次序，一伏羲八卦方位，一伏羲六十四卦次序，一伏羲六十四卦方位，程朱傳義首卷載之，稱爲「邵雍得之李之才，之才得之穆修，修得之華山摶者」是也。一曰：先天圖，魏伯陽作。漑受圖、書，此出宋史，然朱震經筵表又云：「种放傳李漑。」各得一寶。漑傳許堅，漑自受圖、書後，著六十四卦相生相推圖、卦氣圖，惟堅無著作，而晁以道謂「皇朝天禧中，毗陵從事范諤昌，其書酷類郭京舉正，自言其學出于湓浦李處約、廬山許堅」。堅傳范諤昌，諤昌所著大易源流圖易證墜簡亦云：「受之种放所作。」諤昌傳劉牧，牧字長民，仁宗時言易者皆宗之。慶曆中獻其書于朝，詔優奬之。所著有鈎隱圖、易解。其書存于道藏中。至牧而其説始行于時。於是慶曆前後，士子説易者始言圖、書，顧其言與今不同。當時陳摶所授但有兩圖，而世不親授，不得指名。一則圖以五十五點爲數，其數後一、六，前二、七，左三、八，右四、九，中五、十；有四正而無四維，合之得五十五數。一則圖以四十五點爲數，其數後一、前九、左三、右七爲四正，前四左、前二右、後八左、後六右爲四維，中有五而無十，合之得四十五數。其孰爲河圖，孰爲洛書，則受其傳者或知之，而他不知也。然牧之言曰：

見易象鈎隱圖。「河圖數四十五，陳四象而不言五行，是以四十五數者爲河圖。洛書數五十五，演五行而不述四象，是以五十五數者爲洛書。」則今之所云河圖者，本洛書也；今之所謂洛書者，本河圖也。然而稍稍聞邵雍言易，似乎以五十五數者爲河圖，四十五數者爲洛書。于是又有言牧非者。蓋是時摶所授先天、古易，种放傳之穆修，字伯長。修傳之李挺字之才。時河南穆修性寡合，挺事之甚謹，卒受修易，官主簿。及周敦頤，太極、先天諸圖俱受自修，故朱震經筵表云：「修有太極圖授敦頤。」又宋史：修所同傳尚有蘇舜欽，合挺、敦頤三人。挺傳之邵雍，挺于蘇門山遇雍，雍遂受業。敦頤傳之程顥、程頤。程頤作易傳，不言圖書及先天、太極諸説。或曰：頤雖受摶學，而實未信。其所受摶學雖非圖、書，而兩支一幹。雍每説易，則未必一不及之，而于是參差之端生焉。夫圖、書非他，神聖之事也。豈有神聖之事而一人授之，一二人受之；授者無憑，受之者無據；而或四或五，或方或圓，或羲或禹，或卦或範，彼此可以爭，先後可以易，一室兩家，茫無定準？其爲不足道亦可見矣。乃當時攻牧者曰：「牧反教也。」其祖劉氏者曰：「摶所傳如是也。」而于是有調停者曰：「牧非故反之，以傳之者不分，而遂致誤也。」吴澄曰：「劉之資識雖凡下，而爲人亦質實，非敢故易置圖、書之名也。蓋其初所傳但得二圖，不曾分別何者爲圖，何者爲書，是致混淆而未免差誤，非劉之罪也。」其兩家立説氏印未定，大抵攻牧無憑，即祖劉亦不足據。如聶麟圖解確指縱横十五爲河圖之數，即今洛書數也。此是牧説，而無所憑藉。即借雍攻穆者，徒謂雍曾言之，而雍之所言，不過謂「圓者河圖之數」，「方者洛書之文」，未嘗言五十五點者河圖，四十五點者洛書也。後此，魏華父、張文饒、朱子發等皆有是説。倘以圓爲圖，則四正四維，圓莫圓于四十五矣；以方爲書，則有四正而無四維，方莫方于五十五矣。于是，同時學徒有阮逸其人者，逸字天隱，胡瑗門人，嘗爲府司理，著易筌六卷，以善作僞書聞于時。心惡牧説而無如何。會出王通元經于逸家，人訴其僞，通考載：晁以道、陳振孫輩皆謂元經係逸僞作。急欲借見他書以湔其陋，而圖、書之訟，適當其際，遂造爲關朗易傳。以爲「朗字子明，魏文時人，王通之祖同州刺史名彦者曾師事之。嘗爲彦筮得夬之革，遂決云：『百年之間當有達人出，而修洙泗之教』」。蓋暗指河、汾也。特其爲易傳，則又名洞極真經，謂「關朗家世所藏，而親受其説于林崆峒者。元魏太和末，王虬言于魏孝文，孝文召見之，著成筮論數十篇。唐趙蕤以爲李邯鄲曾著之書目，其後王通贊易，實本諸此，又回護河、汾語。遂託之唐趙蕤註」。唐詩紀事載：「李白嘗師事趙蕤。」蓋開元間人。北夢瑣言曰：「蕤，梓州鹽亭人，作長短經十卷。」唐史書目無洞極真經註名。其叙本圖論有云：「河圖之文七前六後，八左九右，聖人觀之以畫八卦；洛書之文九前一後，三左七右，四前左，二前右，左八後，右六後，後聖稽之以爲三象。」其定名與今同，但不以爲九疇而以爲三象，則以摶所授時原無九疇說耳。則鑿然以十爲圖，以九爲書。謂可以立圖、書之據，可以闢劉牧之謬，可以陰護僞元經之所未信，而無如同時之人親見其僞。故朱元晦作語類亦曰：「關子明易，僞書也。」吳澄曰：「逸與种、穆同時，親見圖、書，故能僞作。歐陽修亦與阮同時，然不及見，故歐陽與臨川王氏不信有圖、書，并疑大傳非孔子所作。」前此書目不載，惟馬氏通考、鄭氏通志載其書目，然亦云僞作。又胡瑗易傳，晁氏亦謂「其門人阮天隱所僞作，非瑗書也」。乃元晦言易，則又取其說以定圖、書，而於是圖、書之名始一反牧說，且儼載其文于大易之首，岸然與三聖經書彼此分席。而自此言圖、書者雖仍未信，然自明迄今，無敢議焉。

說者以爲元晦所據洛書實本列子。夫列子可據乎？且列子「一變爲七」之註，以爲太極本一而生陰陽五行，則爲七；陰一陽一合五行爲七。其變爲九，則又以七之少陽而進爲老陽，陽主進，陰主退，八退爲六，七進爲九。此仍是易數，非書數也。如以爲鄭氏明堂之註謂法龜文，故定爲洛書，大戴禮明堂篇：「九室之制用九數，二九四七五三六八一。」註云：「記用九，法龜文也。」則康成未嘗註大戴也。今易緯之書，凡乾坤鑿度皆冒鄭註，而唐代虞世南名引入註中，果鄭註乎？況明堂之數，正僞書之數所自始也。說見後。第其說在明代疑而不議，而當時尚齟齬之，有以坎離交媾圖爲河圖者，此江東謝枋得說，即魏伯陽諸家抽坎填離之術。有以先天圖爲河圖、五行生成圖爲洛書者，此靖上蔣得之說。五行生成數即天地生成數。說見後。有以渾侖圓圖爲河圖、井地方圖爲洛書者，此新安羅端良稱建安蔡元定得于青城山隱者。其圖即世所傳太極圖，而就其中八分之爲八卦，謂之河圖；其書則井地圖也，爲方環而九區之，填數于其中，謂之洛書。彼此紛紜，競相遷變。而當時守其說者，又復自疑滲漏，往往補苴而鏝飾之，以求其必信，于是日趨于僞。以爲舊圖非虛勾也，龍鱗馬革未必近星文之跡也。當時有實見之馬背者，鄭樵通志謂：「李溉所授，第有黑白圈而無旋文。」及蔡元定得圖于蜀山隱者，蜀山隱者、青城山隱者俱不可考。一說：陳摶本四川普州人。祥符舊經謂摶乃普産，既長，辭父母出家，或居亳爲亳人，或居洛爲洛人，或居華山爲華山人。此蜀山蓋暗指摶也。一說：程頤兄弟遊成都，見治篾箍桶者挾冊，就視，則易也。因指未濟男之窮發問，曰「三陽失位」。頤涣然有省。翌日再過之，則遁矣。後閩人袁滋入洛問易于頤，頤曰：「易學在蜀。」滋入蜀，見賣醬翁于眉、邛之間，大有所得。元定所遇或此輩也。然總暗昧不可考。從來無名氏皆是寓言，不必有人者。君平、季主皆蜀隱君子，亦皆言易，何必無名也。若「三陽失位」之解，則在火珠林已有之。此皆從前術士所爲書，不始伊川時可知矣。又蔡元定遇隱者授圖，世傳不一。一是自然圖，即近世所稱太極圖，而加白黑二點于其中者；一是渾侖圖，亦即自然圖而又八分之爲八卦者；一是龍馬旋毛圖，即此圖。然則異人之所授，何多端也？有龍馬旋毛，圈而成文，每圈有陰陽黑白文交互其中，宛如今所傳太極圖者，即自然圖。而中有空白，即太極也，且每圈有之，所謂「物物一太極」也。「如是五十五而河圖以成。」而近代陋學即又推廣而擴充之，近代作周易全書者又杜撰推類。增加順逆往來于其間。陳氏圖説一覽曰：「先天對待，四正參天爲往順，四隅兩地爲來逆。後天流行，左方自坎至離爲往，右方自離至坎爲來；左方參兩雖錯，不失爲順；右方參兩雖正，不失爲逆。」左順爲，右逆爲，且又分陰陽回互之形，謂「馬脊白毛爲陽，自後往前順旋窩中，陽之入而爲主也；馬脊黑毛爲陰，自前來後逆旋窩中，陰之入而爲主也；白旋毛自後左往前爲順，陽中之陽；黑旋毛自前右來後爲逆，陰中之陰」。此見近代楊時喬説。時喬于易最舛陋，當時稱爲記醜而博者。此則并其杜撰無據之説。其骨脊毛窩，指示鑿鑿，然誰見之。

人有論碧落者，一曰碧者石也，媧皇補石是也。一曰非也。當範銅爲之，乾屬金，碧者金之色也。子不聞銅儀乎？二者不能決，以問之師。師曰：「寧積氣也，而曾莫之知。」曰：「積氣何象乎？」師曰：「吾未之見也。」至若龜背所負，甲坼若燋，第因其坼形而著以爲象，亦蜀山隱者所授，見鄭樵通志及吴澄、朱升諸易説。如一二三四五六

七八九，其文皆委坼若燋理。然其爲説，既已可笑，而元定之子沈與其父同遊于元晦之門，父既出古文洛書，其形如彼，則爲之子者亦宜恪遵父説，無所或二。而沈作洪範皇極，即又變其形模，以爲洛書古圖，如一𝍠二𝍡三𝍢四𝍣五𝍤六𝍥七𝍦八𝍧九𝍨，皆全襲司馬君實潛虛畫數，而移爲龜文。夫司馬潛虛，元晦嘗訾之，謂其立數用籌，近于算位。朱子駁潛虛先自居于錯，謂潛虛直一畫爲五，下横一畫則爲六，横二畫則爲七，此大謬不然。潛虛直一畫爲一，非五也。横一畫爲五，非六也，且非下横一畫也。必上横一畫，而下直一畫，合之則爲六。蓋上横一畫即總五之數，而下直一畫則爲六。故七則上横一畫，下直二畫。上横一畫爲總五之數，而下直二畫則爲七。今曰横二畫爲七，則統潛虛之數，無横二畫者。朱子好駁人書，而不精細如此。然九峰洪範皇極則純襲潛虛畫數者，但總五皆横一畫，而惟散五則潛虛以乂，洪範以𝍤，稍不同耳。而今全襲之，則欲明師説，而其所自處者即又悖父之所爲而爲，師之所不取，亦何爲矣。夫意所不安，始多支飾，及支飾不足，而意之所自歉者反從此而益露焉。

彼言圖、書者亦祇以上古亡文，驟出自輓近，而其所以出之者，則又方外異氏，無足取重。即既出之後，又且同室戈矛，早示人以間隙之端，自貽敗漏。况乎龍文龜甲亦微與？點注勾畫，抱臬兀于心，則不得不多爲授受之人，以冥合諸龜龍之跡，而不謂愈支愈劣，愈飾愈露。授受之人既不能出一姓氏，而龜龍之跡則又牽强附會，而終竟不合。然而自明迄今，耐之者多，爭之者亦不少，宋濂、王褘、郝敬、歸有光輩皆有辨説。而未得實據，僅成虛説。何則？凡欲指人之非者，必先得其人之所以非，而後可從而正之。如僅曰是非，則我所非者，彼以爲是，無如何也；僅指其非，而不能實指其所以非，則我所非者，彼終以爲是，無如何也。

問嘗學易淮西，見康成所註「大衍之數」，起而曰：此非河圖乎？則又思曰：焉有康成所註圖而漢代迄今不一引之爲據者？則又思：「大衍」所註見于李氏易解者，宋晁公武讀書志曰：「唐李鼎祚集易解，唐録十七卷，今所傳止十卷。」干寶、崔憬言人人殊，何以皆並無河圖之言？則又思康成所註大傳，其于「河出圖」句既有成註，何以翻引入春秋緯文，即前河圖九篇、洛書六篇之説。而不實指之爲大衍之數？于是恍然曰：圖哉！圖哉！吾今而知圖之所來矣。搏之所爲圖，即「大衍」之所爲註也。然而「大衍」之註之斷非河圖者，則以「河圖」之註之别有在也。「大衍」之註曰：「天地之數五十有五，天一生水在北，地二生火在南，天三生木在東，地四生金在西，天五生土在中。然而陽無耦，陰無配，未相成也。于是地六成水于北，與天一并；一六在北。天七成火于南，與地二并；二七在南。地八成木于東，與天三并；三八在東。天九成金于西，與地四并；四九在西。地十成土于中，與天五并，五十居中。而『大衍之數』成焉。」則此所爲註，非即摶之所爲圖乎？康成但有註而無圖，而摶竊之以爲圖。康成之註即可圖，亦非河圖，而摶竊之以爲河圖。其根其氐，其曲其裹，明白顯著，可謂極快。然而趙宋、元、明千年長夜，而及今而始得之。其説有二：一則世之言河圖者，亦皆知「大衍之數」，然第以爲河圖之陽二十五點，河圖之陰三十點，與「大衍之數」一三五七九二四六八十，共成五十有五者，其數相合已爾。而其天生地成，地生天成，或北或南，爲水爲火，能方能圓，有單有複，按之可爲形，指之可爲象，則河圖有之，「大衍」不得而有之也。而孰知「大衍之數」其爲形爲象，原自如此，而人初不知。其長夜一。一則魏晉以後，俗尚王學謂王弼也。而鄭學稍廢，其所遺註第散見于易、詩、書、三禮、春秋疏義，及釋文、漢書、文選諸所引註，而迄無成書。故唐惟李鼎祚略採其註于易解中，而其在他書，則惟王氏應麟復爲彙輯，而補于其後。此在劉、邵言易時皆未之見。宋慶曆壬申相府策賢良六題，一題爲李鼎祚易解，而當時並未嘗見賢良多下者，及甲申臨邛計用章官漢東，館于淮安太守平陽公家，始出其故學士所藏李氏易本，則不惟鄭註無有，即李解亦罕見。今摶得其説而不言所自，或亦轉得之他人，而并其所自，而亦不之知，皆未可定，則冥冥矣。其長夜二一。乃幸而得白，顯有從來，但當名之爲大衍圖，非然則名天地生成圖，非然則名五行生成圖，而斷斷不得名之爲河圖。浸假河圖即此圖，則此圖固康成所註者也。其于大傳「河出圖」下，何難直註之曰所謂河圖，即揲筮所稱「大衍之數」，「天一地二，天三地四，天五地六，天七地八，天九地十」者？而乃又曰：「河龍圖發，其書九篇。」則豈非衍數、河圖截然兩分，數不得爲圖，衍不得爲畫乎？

昔有拾枯魚澤中而以爲神也，丹雘而饗之，曰鮑君神。然不禁遺魚者之還見之也，趣使烹食，而人爭爲神不已。遺魚者曰：「此固吾所遺之物也，而神也乎？」其事見風俗通。鄰有購鼎者，誤得一鬴而爭之，或稱三犧，或稱九牢，終歲不決。乃就範者而諮之，範者曰：「此非吾所製五熟釜乎？」購者尚爭曰：「五熟豈無鼎？」曰：「五熟固有鼎，而吾所製非是也。」而于是爭者始息。見吴氏東岡叢記。此無他，則以遺魚者與範釜者皆其物之所自來，他可爭，此不可爭也。洛書亦然。今之洛書，則易緯家所謂「太乙下九宫法」也。易緯皆不傳，而惟乾坤鑿度一書尚存人間。其在乾鑿度下篇有以一陰一陽合爲十五之説，六八爲陰，七九爲陽，七八十五，九六亦十五。遂創爲「太乙下九宫法」，取陰陽卦數即十五數。以行九宮。八卦四正四維合中央爲九宮，而數皆十五。其法曰：「太乙者，北辰之神名也。居其所曰太乙，此用論語，知非古聖之書，皆漢世道家所作。嘗行于八卦日辰之間曰天乙，故星纏曰太乙。天乙主氣之神，其下行八卦，每四乃還北南東西爲四。于中央。中央者，北辰之所居也。以中無卦位，故以此爲太乙寓居之處。天數以陽出，以陰入，陽起于子，陰起于午。是以太乙下九宮從坎宮始，坎中男，始之言無偏也；坎北。自此而從于坤宮，卦位因五行生成之數，則乾、坎、艮、震、巽、離、坤、兑起于西北，而迄于正西。今九宮圖以乾、坎、艮、震四卦起于西北，而迄于正東，至巽、離、坤、兑，則又另從正西起，而迄于東南。故正南非離而爲坤，爲坤南。坤母也；又自此而從震宮，震東。震長男也；又自此而從巽宮，巽西。巽長女，所行半矣，所謂每四乃還者也。遂息于中央之宮。中宮于卦數無配，故屬之太乙。既又自此而從乾宮，乾西北。乾父也；又自此而從兑宮，兑東南。兑少女也；又自此而從艮宮，艮東北。艮少男也；又自此而從離宮，離西南。離中女也，行則周矣，乃上游息于太乙、天乙之庭，而升于紫宫。太乙不常居卦位之中，故五則暫息于中央，至是則不息而上升矣。行從坎始，去從離終，出從中男，入從中女，皆坎離水火之學，道家之書也。而其法則合于陰陽十五之數，而數以興焉。夫其合于陰陽十五之數者，何也？則以坎之在北也，坎數一，坎正北卦，當大衍一數。則履一也；坤之在南也，坤數九，卦位坤在西南，當大衍次西九數。則戴九也；震位東數三，震正東卦，當大衍三數。則爲左三；巽位西數七，卦位巽東南，當大衍次東七數。則爲右七；離二西南，兑四東南，卦位離正南，當大衍二數；兑正西，當大衍四數。則二爲右肩，四爲左肩；乾六西北，艮八東北，乾西北卦，當大衍次北六數；艮東北卦，當大衍次東八數。則六爲右足，八爲左足；中央無卦偶，爲太乙之所息，則其數五爲太乙之數，而太乙四周，不復再息于中央，而上升紫宫，則太乙之數亦止于五數，而無十數焉。其無十之説陋劣如此，而宋儒必多方推測其所以無十之故，冤哉！惟無十，則中宫得合八卦而可定爲九；每卦止佔一數，故四正四維合之爲八；若中宫有五又有十，則佔二數矣。八數合二數，豈九宫法乎？故去十存九。惟無十，則四正四維、從衡延袤皆可減三分之十而定爲十五。」若加十，則凡從衡正維皆二十五，非十五矣。此圖之範卦以爲數者。所謂創太乙下九宫之法以合之陰陽十五之數，其説鑿鑿。乃當時儒生間取其數爲形家之用，後世陰陽家推廣作形家相宅法，三六八爲白，二黑三緑，四碧五黄，七赤九紫，皆本諸此。如張衡入奏，曾以律曆、卦候、九宫、風角並稱有驗，而未嘗曰此洛書之文。後漢張衡傳其疏中又有河洛六藝篇名，並不指九宫爲洛書。即大戴明堂篇亦以二九四七五三六一八爲明堂九室之制，而未嘗曰此洛書之數。二九四上衡也，七五三中衡也，六一八下衡也，此又在一從一衡之外者。但明堂之制每方三室，合十二室，而中不在數内。今以九宫程之，則中爲一宫，而左右个又俱合爲一，牽强難通。故其文亦自知不合，又曰明堂九室十二堂。夫曰九則遺四个，曰十二則遺中室，俱貿貿矣。又大戴記並非鄭註，而阮逸輩又僞註曰：「法龜文。」若鄭有此註，則洛書何言六篇乎？而乃方外冒之儒者，遵之學人，又從而推之演之曰洛書。洛書假曰九宫即洛書，則緯書具在。其于九宫篇後又曰：「孔子曰：『洛書摘六辟曰以建紀。』」辟者君也，主也。謂摘主十二月之卦，以立歲紀。止言六者，陽該陰也。何也？夫康成之註「衍數」而别釋「河圖」，與易緯之創宫法而另引洛書，二者正相符矣。是無論九宫行卦，其爲法在有卦之後，必不可以坎離水火漫加之羲皇未經畫卦之前，而即以是圖斷之。假曰摶之所授能親得自羲、文，則吾不敢知；若猶是漢魏有之，則漢魏間人從無曰世尚有圖書者，且從無曰此出自圖、出自書者，而以爲此圖此書不亦冤乎！

夫儒者窮經，以經爲主。易大傳曰：「河出圖，洛出書，聖人則之。」則洛書出自羲時，不出自禹時，孔、劉之徒孔安國、劉歆。所云禹治洪水，天賜洛書者，爲無理。尚書洪範曰：「天乃錫禹洪範九疇。」則天所錫者名洪範九疇，不名洛書，阮、蔡之徒謂阮逸、蔡沈。以洪範當洛書，而推洪範皇極爲洛書之數者，爲無學。阮逸僞易傳尚曰：「洛書之文，後聖稽之爲三象。」並未嘗推洛書爲九疇，但以其作僞，故及之。若蔡沈之誤起于註尚書洪範篇，而後遂膠固，作洪範皇極以實其説，陋矣。蓋以九宫爲洛書者，摶爲之；以洛書爲洪範者，則實沈爲之也。明初王禕作洪範非洛書辨，其説有六，總皆就九宫圖與洪範不合處言之，亦不從夫子「洛出書，聖人則之」、尚書「天乃錫禹洪範九疇」二語。一審思之耳。若夫「大衍之數」原出易傳，則惟大衍一圖可附之周易之末，曰大衍圖。至于九宫明堂皆出緯書，雖經漢儒採及之，而不可爲訓。此當與楊雄太玄、郭璞洞林、衛元嵩元包、司馬君實潛虚，以及六位、渾天六位即納甲法。八神、子夏八神筮法。卦氣、李溉作卦氣。卦生、李之才作六卦生六十四卦圖。循環、變通、張理作内循環外變通諸圖。火珠、出自京氏，名火珠林。玉闕後世六壬課訣。諸書同類而比觀之，勿纂入聖經可也。

大衍圖

一名天地生成圖，一名五行生成圖，即今河圖也。

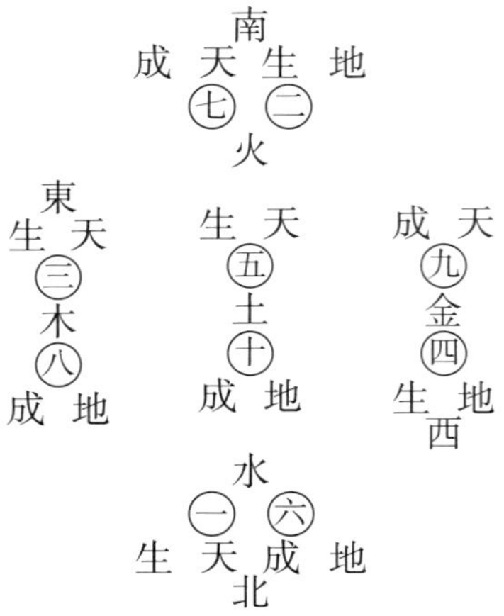

鄭氏曰：「天地之數五十有五，天一生水在北，地二生火在南，天三生木在東，地四生金在西，天五生土在中。地六成水于北，與天一并；天七成火于南，與地二并；地八成木于東，與天三并；天九成金于西，與地四并；地十成土于中，與天五并。」此天地五行生成之位數也。

大衍配八卦圖

坎、離、震、兌爲四正居生數，乾、巽、艮、坤爲四維居成數。此從大傳卦位分列與「大衍」位數相合者。

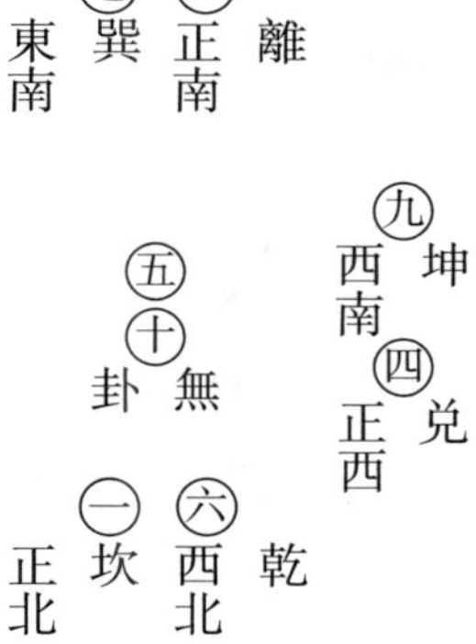

「大衍」有四正四維，至配八卦，則以生數爲正，成數爲維，始知衍宮二圖皆可方圓。邵子謂圓者爲圖，方者爲書，真臆見也。此從大傳所定卦位爲數，坎正北卦，天一在北，則坎數一；離正南卦，地二在南，則離數二；震正東卦，天三在東，則震數三；兌正西卦，地四在西，則兌數四，此四正也。于是以成數爲四維，乾西北卦，地六成北，則乾數六；巽東南卦，天七成南，則巽數七；艮東北卦，地八成東，則艮數八；坤西南卦，天九成西，則坤數九。至五、十居中，皆無卦位，故無配數。其分四正四維而無中位，則太乙下九宮法亦昉諸此。

改正黑白點位圖

「大衍」有數目無黑白點，今以黑白點代數目，詭謂馬圖如是也。然亦宜奇偶並列，陰陽平分。若如今圖所列一六、二七皆用複位，則有正無維，有生無成，有合數無分數，有四卦配無八卦配，其于大衍本義俱失盡矣。況説文云：「并者，並也。」鄭註之并，正是並字。豈宜複列乎？

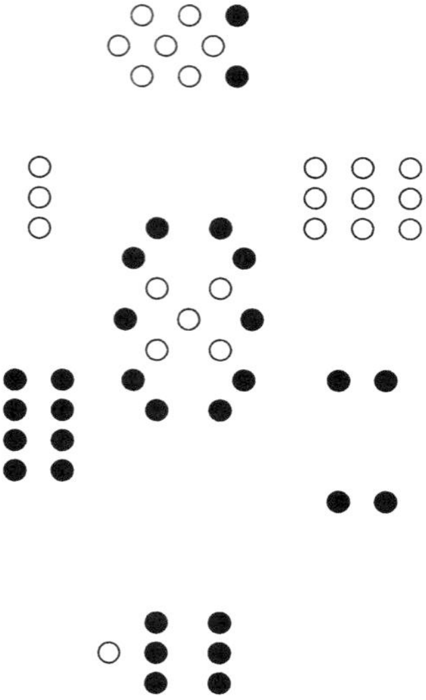

衍數以五爲主，凡生數合五即爲成數，如北生數一合五爲六，故成數六；南生數二合五爲七，故成數七；東生數三合五爲八，故成數八；西生數四合五爲九，故成數九；中生數五合五爲十，故成數十。

所謂「天數五，地數五，五位相得而各有合」者，如此。

太一下九宮圖

此從八卦配大衍之數，復以卦數從衡相峙各合爲十五之數，以立法。其法出易緯乾鑿度下篇，蓋漢後道家所作。

離宮 次九行西南	坤宮 次二行南	兌宮 次七行東南
巽宮 次四行西	次五暫息于中央 中央無卦位 次十太乙不息于此而返于紫宮	震宮 次三行東
乾宮 次六行西北	坎宮 太乙行北始	艮宮 次八行東北

易緯太一下九宮法概以陰陽合十五數爲義，故以八卦配大衍之數，東西聯合，從衡相峙，各合十

五，而以卦數定行宮先後。其方位四離四合，惟乾、坎、艮、震四卦與卦位合，巽、離、坤、兌與卦位不合。然而行法皆從左轉，如乾西北，坎正北，艮東北，震正東，此其次第。順行左轉與衍數卦位皆相符合，乃不從東南轉西，而復從西北之右，次正西，次西南，次正南，次東南，以爲巽、離、坤、兌之序，此與陳摶先天圖巽五坎六另起左轉一例。故巽本東南而今在西，巽數七則爲右七；離本正南而今在西南，離數二則爲二肩；坤本西南而今在正南，坤數九則爲戴九；兌本正西而今在東南，兌數四則爲四肩。今圖所云「戴九履一，左三右七，二四爲肩，六八爲足」者，皆從太乙所行卦數定之。蔡氏作洪範皇極，不知所始，妄以大傳卦位梗加之九宮之上，其卦位不合宮位，其卦數又不合宮數，顛倒錯亂。天下有巽四離九、坤二兌七之卦數否？且有戴二履一、左三右四、九七爲肩、六八爲足之宮數否？試觀九宮創始之圖，其宮位、宮數、卦位、卦數無不相合如此，此可悟矣。若近代演九宮法，則亦不知所始，但附會蔡氏皇極一書，亦以四正之卦爲坎、震、離、兌，四維之卦爲艮、巽、坤、乾，此仍是大衍所配卦位，非九宮也。九宮四正爲坎、震、坤、巽，四維爲艮、兌、離、乾，而特其坎一、乾六之卦數，則從大衍配八卦來，蓋亦先行卦後範數，所謂「一陰一陽合十五數」者。蔡氏與今九宮家俱貿貿耳。

九宮配卦數圖 此即今洛書也。

九行離数二，　四行巽數　六行乾數六，

故二右肩　七，故右七　故六右足

五則太乙暫息于

二行坤數　此，無卦位卦數　太乙始行坎

九，故戴九　十行畢不息于此，　數一，故履一

竟返紫宮，故無十

七行兑數四，　震　八行艮數八，

故四左肩　三，故左三　故八左足

九宮之戴九，以太乙行坤，坤數九，故戴九也。蔡氏照大傳卦位，仍以離當之，則離數二當戴二矣。若曰離數九，則從來無此卦數，所謂展轉不合者。他倣此。

陰陽合十五數圖

易緯曰：「一陰一陽合而爲十五之謂道，故太乙取其數以行九宮，四正四維皆合于十五。」

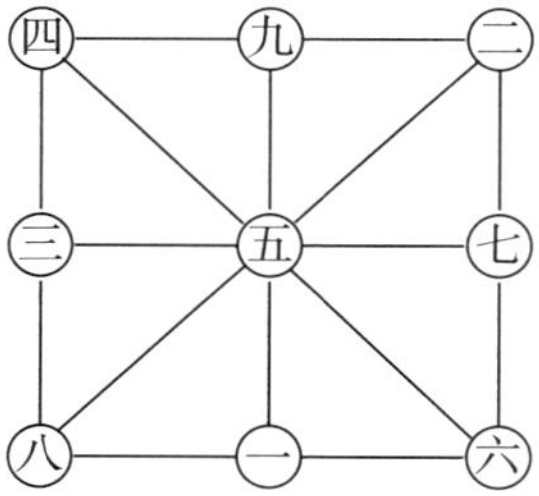

據緯書，九宮初起之意，原以一陰一陽合十五道爲數學之始，蓋以陰數六八、陽數七九，合六九爲十五，合七八亦爲十五。而因以太乙下九宮之法，使從衡交互皆爲十五。而以四正推之，則南北十五，東西十五；以四維推之，則西北、東南十五，東北、西南十五，合之得六十之數，此人所知也。若以三衡推，則上衡十五，中衡十五，下衡十五；以三從推，則左從十五，中從十五，右從十五，合之得九十之數。共合九十、六十，仍是一百五十，爲十五數。則雖蔡氏皇極詳言，算學皆所不曉，而至今始發之，則洪範皇極仍非了義。何苦爲此？

明堂九室圖

大戴禮明堂篇云：九室之制，二九四七五三六一八。數本九宫法。今相宅經有一白、二黑、三碧、四緑、五黄、六白、七赤、八白、九紫諸説，益謬誤矣。

〔二離宫〕〔七巽宫〕〔六乾宫〕
〔九坤宫〕〔五無位〕〔一坎宫〕
〔四兑宫〕〔三震宫〕〔八艮宫〕

太極圖説遺議

太極圖說遺議

宋周敦頤字茂叔，號濂溪，著太極圖說。

宋乾道間朱子元晦所傳周子濂溪太極新圖

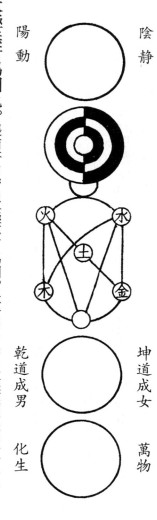

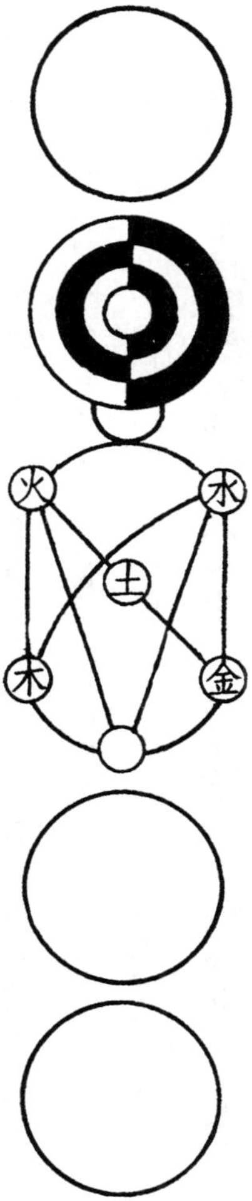

太極無所爲圖也。張南軒曰：「太極不可爲圖。」林黄中曰：「太極無形，圖于何有？」況其所爲圖者，雖出自周子濂溪，爲趙宋儒門之首，而實本之二氏之所傳。

太極圖一傳自陳摶，摶，華山道士，號希夷，宋儒稱希夷先生。朱子作名臣言行録，有陳摶傳。

朱内翰震進易説表謂：「摶以太極圖傳种放，放傳穆修，修傳周敦頤。」胡五峰作通書序云：「敦頤得太極圖于穆修，修得于种放，放得于陳摶。」要非其至者。

一傳自僧壽涯。 張南軒曰：「周濂溪之學始宗陳希夷，後從穆修、邵康節游，又嘗學于潤州鶴林寺僧壽涯，故其所本正而取材廣也。」胡氏汲仲作大同論有云：「孟子没後，道潛統絶。子周子起，然後潛者復光，絶者復續。河南程氏二子得周子之傳，周子之傳出于北固竹林寺僧壽涯，而爲理學之首倡。」胡雙湖一桂著啓蒙翼傳有云：「晁景迂云：『胡武平、周茂叔同師潤州鶴林寺僧壽涯，其後武平傳其學于家，茂叔傳二程子。』」按，竹林即鶴林，北固即潤州。**或云：陳摶師麻衣，麻衣即壽涯也。則時稍相去，濂溪或不能從學，然其説則從來有之。** 宋儒傳麻衣道者正易心法四十二章，章四句，句四言，題希夷先生受并消息。李侍郎壽翁刊于當塗，乾道間南康戴師愈孔文始爲之跋以行。朱子疑是書即戴師愈僞作，以爲「師愈曾爲湘陰主簿，來謁，即及麻衣易説，問其師傳，則云得之隱者。後至其家，見几間有雜書一篇，其詞氣宛然麻衣易也」。又云：「夫麻衣爲方外之士，然其爲希夷所敬如此，則其爲説必有奇絶過人者，豈若是之庸瑣哉！」張南軒曰：「麻衣道者之書，希夷、隱君實傳其學，二君高視塵外，皆有長往之願，豈莊、列之徒與！」山陽度正，字周卿，朱晦庵門人。有云：「或謂『周先生與胡文恭公同師鶴林寺僧壽涯』。又謂『邵康節之父邂逅文恭公于廬山，從隱者老浮屠游，遂同受易學』。則所謂隱者，疑即壽涯也。」按，李潛序麻衣易云：「是書頃得之廬山隱者。」此亦與廬山隱者老浮屠説合。則度正謂隱者即壽涯，自必有據。或又云：「李潛得麻衣易于許堅。」按堅亦陳摶後人，宋史稱「堅授圖書于范諤昌，諤昌授之劉牧」，則或當時并授太極圖，未可知也。

乃其所傳者，則又竊取魏伯陽參同契中水火匡廓與三五至精兩圖，而合爲一圖。

漢魏伯陽參同契圖

水火
匡廓

三五
至精

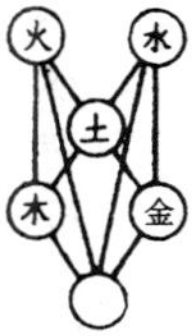

參同契，後漢魏伯陽作。按，參同契道家之書，原本三篇，五代末孟蜀彭曉爲之分章，且序云：「伯陽會稽上虞人，其書密示青州徐從事，令牋註。徐隱名而註之，書末自序姓氏，有鄶國鄙夫語。」朱子註曰：「當是會稽隱語作鄶也。」

水火匡廓圖者，以章首有「坎離匡廓，運轂正軸」二語，彭氏本作「匡廓」，朱子考異本作「匡郭」。**所云水火，即坎離也。**舊註：「天地設位，日月運行，循環如匡廓。」朱註：「乾坤位乎上下，而坎離升降乎其間。先天之位所云乾南坤北，坎、離東西是也。故其象如垣郭之形，其升降如車軸之貫轂以運輪，一下而一上也。」**丹家以坎離爲用，故輪而象之。**彭序曰：「叙其離坎，直指汞鉛。」

列以乾坤，奠量鼎器。明之父母，保其始終。合以夫妻，拘其交媾。」朱子曰：「此書大要在坎離二字。」又曰：「參同以坎離爲藥，餘者爲火候。」又名水火二用圖，則又取「天地者乾坤之象，坎離者乾坤之用」二語。皆參同文。蓋其圖正作坎離二卦而運爲一軸，非所謂兩儀也，亦非所謂陽動生陰，陰靜復生陽也。其中一〇，則坎離之胎也；左爲離，白黑白即也；右爲坎，黑白黑即也。按，潛初子有觀象原始圖，本道家所作。元末王肩望曾採之入易説中，而明岳氏元聲重刻之爲己書，其名有乾坤設位、坎離迭運、艮震一氣、巽兑同宫四圖，皆合兩卦爲一圖，而畫作三輪，與此正同。第其圖皆上下合，如乾坤，坎離，艮震，巽兑，而此獨横分者。朱子云：「邵子謂『乾坤定上下之位，坎離列左右之門』。參同首卦位鋪排都只一般。」正指此圖而言。若以文言，則乾坤門户，坎離匡廓，與邵言正反，何曾鋪排一般也。夫亦惟坎離同廓，中分左右則兩，皆卦體合軸而運，因得就陰陽間錯，而畫爲三輪。如以爲兩儀，則兩儀兩也，烏得有三輪于其間哉？宋王秋山大易緝説中有三輪之問，究無解説。如以爲陽中有陰，陰中有陽，則一爲少陽，一爲少陰。少陰、少陽，固不宜有三輪；藉有之，則亦四象中之二，其于老陽、老陰，尚未之備也。在兩儀既多其一，而在四象則又闕其二，展轉相度，無一而可。則其明明爲坎離匡廓，而斷非太極，亦可驗矣。

至于三五至精圖，則取「三五與一，天地至精」語，出「五行逆克」章「三五與一，天地至精。可以口訣，難以言傳」。而分五行爲三五：中央土一五也，天五生土也；左火與木共一五也，地二生火、天三生木也，二三，五也；右水與金又共一五也，天一生水、地四生金也，一四，亦五也。故其爲生序，則水承坎下，火承離下；其爲行序，則金盛爲水，木盛爲火，而合而復歸于一元。其中金木以小畫相鈎連共一五，木火以小畫相鈎連共一五，而總連于土之一五，然後復歸于一元，合三五而皆鈎連于一〇焉。則此一〇者，三五之合，非二五之合；朱子圖說解謂「五〇爲五行各一其性，一〇爲無極，陰陽五行妙合無間」。三五之精，非二五之精。圖說有「二五之精」語，謂陰陽五行也。正襲參同「三五至精」意。蓋丹家水火必還一元，故其後復有「含元播精，三五歸一」之語。假曰太極二五妙合無間，則此時尚未生男女也。生男生女已有一〇在下矣，則此未生男女時，〇于何所？且太極陰陽既已遞生爲五行，則五行即陰陽，陰陽即太極也。尚何有陰自爲陰，陽自爲陽，太極自太極，三分鼎足，得與五行爲對峙，而後「妙合無間」哉？況其所謂五行者，俱不合也。參同五行以水火爲君，故列上；以金木爲水火之母，故列下；而土則合水火而歸于一元，故居中。宋儒以之言太極則大不合。既非禹謨相克之序，又非洪範生成之次，目之爲地上五行既已可笑；又以水火加土上，爲不生于土，小畫與土相鈎連，爲四行從土中過，展轉猜度，烏知是參同五行也？始知竊取者，無一得當者也。

第其圖自朱子註參同契後，則學者多删之，參同契舊衹三篇，西蜀彭曉分爲九十章，朱子復并爲三篇，名曰考異。其中多移易舊文，改竄語字，至于圖，則槩删之。後有跋語，朱子自詭其名曰空同道士鄒訢。按，胡雙湖啓蒙翼傳中載其文，且曰：「文公雖託名于人，其實鄒訢即公姓名也。向解者以爲鄒者朱之轉，訢者熹之轉耳。」後據考異本原有註云：「按鄒本春秋邾子之國。樂記云『天地訢合』，鄭氏註：訢當作熹。」則實實鄒訢二字即朱熹二字，他人不解也。第跋語或載前，或載後，各本不同。**惟彭氏舊本，則或九或七，其圖猶存。**徐氏牋註本已亡，他本龐雜不足據，唯彭本有水火匡廓圖、三五至精圖、斗建子午圖、將指天罡圖、昏見圖、晨見圖、九宮八卦圖、八卦納甲圖、含元播精三五歸一圖。然或并至精、歸一圖，或并斗建、將指圖，故或九或七。今藏書家與道家多有之。以其書本丹竈家抽坎填離之術，故隋、唐志以其書入道藏中。相傳漢桓帝時淳于叔通受其學，始以行世。張平叔詩云：「叔通受學魏伯陽，留爲萬古丹經王。」**若夫摶所授圖竊自伯陽，則在朱子亦未嘗諱言者。**朱子曰「先天圖與納音相應，蔡季通言與參同契合，今觀其圖」云云。觀其圖是觀伯陽圖也，若先天圖非其圖矣。又云：「邵子發明先天圖，圖傳自希夷，希夷又自有所傳，蓋方士技術用以修煉，參同契所言是也。」又云：「伯陽參同契，恐希夷之學有此是其源流。」又云：「邵子得于希夷，希夷源流自參同契，是以從上處之也。」

或云：其圖在隋唐之間，有道士作真元品者，先竊其圖入品中，爲太極先天之圖。此即摶之竊之所自始。且其稱名有「無極」二字，在唐玄宗序中。道藏有上方大洞真元妙經品，唐玄宗御製序曰「真元聖主，上方開化無極，太上靈寶天尊宣揚教範，命真仙之衆，傳經化人」云云。初亦疑之，及觀其圖，則適與南宋紹興間朱内翰震所進圖合。道經有御製序，奉敕入藏，似非可僞者，特必得儒書考證方可據也。朱子字子發，高宗聞講易稱旨，特給筆札，令著易說以進。其圖則易説中所並進者。

宋紹興間所進周子太極原圖

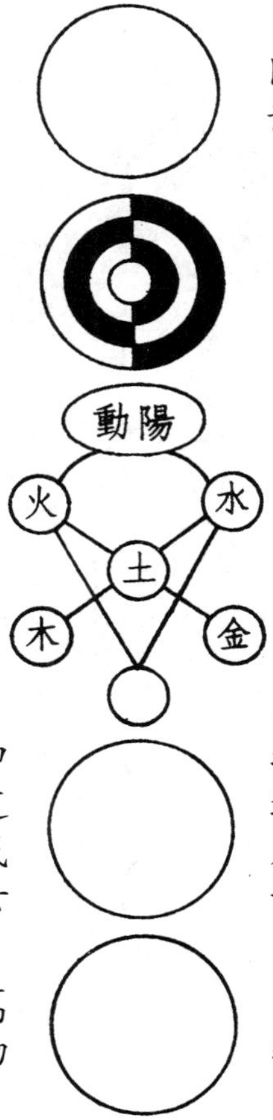

此朱内翰所進圖也。以陽動註三輪圖下小○内。見朱氏易卦圖上卷。

唐真元品太極先天合一之圖

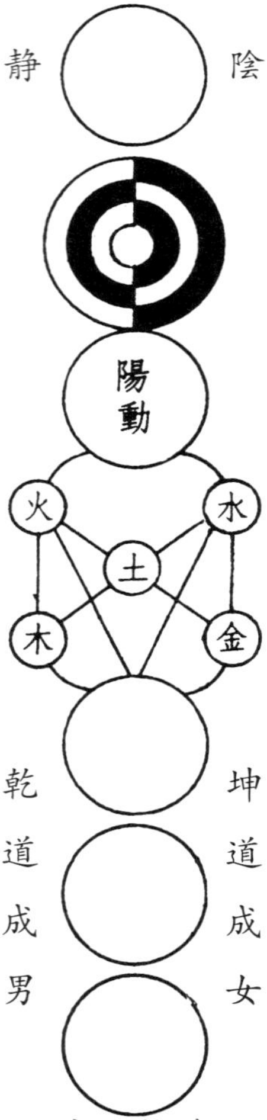

此太極先天合一圖也。道家以太乙爲太極，即一元也。然非第一○也，亦非三輪圖也。第一○爲陰靜，第二爲坎離匡郭，第三○爲陽動，此即先天圖也，所云「乾坤定南北，坎離分左右」者是也。但坎離之中一小○，則一元也，陰陽水火所媾之胎。復鍊以五行水火木金土，三五之精，而歸于一元，則于是五行之下又有第四○，即太極也。夫然後生生不窮，加二○焉。則是第四大○與第二小○皆爲太極。而連上三○則爲太極先天之圖。其義如此。

初讀漢上易說，見其所進圖以「陰靜」〔一〕註首○之右，而以「陽動」註三輪圖下一○

〔一〕「靜」，本作「動」，據圖改。

之中，朱子圖解之所謂「五行交系于上之間」者，深以爲怪。夫陰陽動靜有左右而無上下，即有上下，亦天地設位，尊卑以陳，陽上而陰下有之，未有陽在下而陰在上者。豈陰陽互視爲否、泰，而坎、離顛倒爲既、未濟耶？及得真元經品圖，則然後知太極先天舊固竊之爲一圖，而摶又從而分之者也。夫先天之本參同，有明徵矣，朱子、蔡季通亦言之屢矣。其值日、納甲、三五歸元之法，亦既詳而且晰矣。參同之訣，本以乾坤水火爲抽填之祕，而坎離橫陳，乾坤直列，摶之所謂「以乾南坤北、離左坎右爲先天」者；而匡廓運軸，則以坎離爲車軸之貫，輪轉上下，乾之南者有時而北，坤之北者有時而南。而究其要訣，則必如鼎器歌云「陰在上，陽下奔」者。朱子註云：「此是要法。」故其文有云：「上德無爲，不可察求；言陰在上，主靜也。下德爲之，其用不休。」言陽在下，主動也。而朱子註云：「上德即上文所謂雌，陰也；下德即上文所謂雄，陽也。」蓋陰貴上而陽貴下，陰欲靜而陽欲動。此在趙宋以前，六季以後，實竊參同爲太極先天一圖。而摶復取而轉分之，然且分之未淨，故在周子所傳，則尚列陰陽于上下。蓋方士指畫原未檢點。且或另有秘旨，而其後儒者傳之，則必另加修飾，使其無弊，無弊而後已。而不知失其本來，且輪蹄蹤跡未嘗能掩人以所不見也。圖形仍不可掩，如陽動一○仍在圖下，初改爲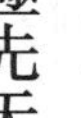，後改爲，後又改爲，然仍有作一○者。張浮峰曰：「古凡傳信，以所見所聞爲斷，重先後也。」朱震進圖，國史進圖說，俱先于輯周子文集，則自可取信。今輯文集者，其不用國史固不待言，乃所載圖說必以潘清逸墓誌爲據，則斷宜備載其文入集中矣。乃又以不合己意，一字不録，即舊時行實亦概删去，而別爲事狀以行之，則何所傳信乎？紬他人之書以就己意，此著書通病也。夫隋、唐、趙宋不相接也；方士畫于前，儒臣進于後，不相謀也；一入道藏，一入綸館，又未嘗相通也。而兩圖蹤蹟合若一轍，誰爲之者？聞之漢上所進圖，在高宗紹興甲寅，而親見其圖而摹畫之，則在徽宗政和之丙申。其間游仕西洛，搜討遺文，質疑請益，寢食不捨者一十八年，然後著成易傳九卷，易圖五卷，豈復有一切于其間者！況其圖後註云：「右太極圖，周惇實茂叔傳二程先生。」其稱惇實，則猶在英宗以前未經避諱改名之際，惇實改惇頤，避英宗諱也。其圖之最真而最先，已瞭然矣。濂溪達人，不假移易，且亦所謂非其至者，而後之人必從而回護之，何也？

則必隋、唐先有其圖，而搏又從而轉竊之，然且分圖爲二，一曰先天，一曰太極。先天圖別有辨說。若其本之參同契，則朱子已詳言之。其說見前。

其在當時傳太極者，頗知所自，悉不以其圖爲然。故宋、元間人，凡言易家輒自爲一圖，而鉤深抉隱、穿鑿變怪之害生焉。顧自漢、晉以後，隋、唐以前，闡辭釋象，並不敢妄加點畫于其間，而其後繪畫滿紙，千態萬狀，皆自此始。

蔡季通自然圖 一名太極真圖

劉長民易鉤隱圖

太極

兩儀

董季真會通圖

乾兌離震
巽坎艮坤

太陽少陰
少陽太陰

陽陰

太極

林德久易裨傳圖

太極

兩儀

四象

王秋山大易緝說圖

太極

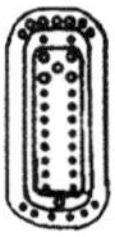

兩儀

楊鼎卿古註圖

太極兩儀

胡玉齋啓蒙圖

兩儀

四象

洪容齋六十四卦生自兩儀圖

張仲純圖

陽儀

少太

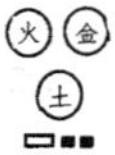

太少

陰儀

閭丘逢辰圖

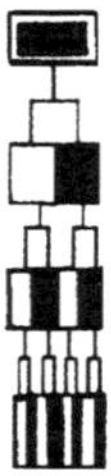

太極兩儀

四象八卦

熊任重本義集成圖

太極

兩儀

四象

李蒙齋學易記圖

同州王湜先生學易圖

兩儀

四象

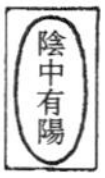

吳草廬纂言圖

兩儀

四象

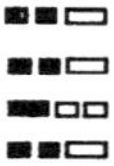

鮑天厚發微易類圖

兩儀

四象

胡雲峰圖

乃其所爲說，或不必果周子所作。陸梭山曰：「圖說與通書不類，疑非周子所作。」朱子編次周子文集，書後有自註云：「武當祁寬字居之。」又謂：「圖象乃先生指畫以語二程，而未嘗有所爲書。」則舊原有謂「非周子作」者。

即果周子作，亦但就二家所授而因以成文，必非其深知篤信，以爲與三聖之所言無少間也。況其説則又純乎二氏之學，而不可爲訓。張横渠曰：「大易不言有無，言有無，諸子之陋也。」又曰：「諸子淺妄，有有無之分，非窮理之學也。」又曰：「不悟一陰一陽，範圍天地，通乎晝夜，三極大中之矩，遂使儒佛老莊混然一途。語天道性命，不罔于恍惚夢幻，則定以有生于無，不知擇術而求多見，其蔽于詖而陷于淫矣。」按，子厚與濂溪同時，親見圖説，明明知有生于無爲圖説中旨，乃痛加詬厲，至斥爲儒佛老莊詖淫邪遁，一至于此，他可勿問矣。

彼二氏平時皆以儒説爲未精，必欲有所加于太極之上，而或引而不發，或發而不敢實予之以加之之名，而不意圖説爲之加之。

莊子云：「在太極之先而不爲高。」此欲加之端也。真西山云：「莊子以道在太極之先。所謂太極，乃是將作天地人三者已具而渾侖未判者之名。」淮南子云：「引類于太極之上。」與莊子同。高誘註云：「太極天地始形之時也。」是皆幾幾欲加之而引而不發，未嘗實有所加也。然在列子則早已陰立諸「太」，而特未敢顯然與太極並列其名，但曰：「有太易，有太初，有太始，有太素。」太易者，未見氣也。太初者，氣之始也。太始者，形之始也。太素者，質之始也。至僞爲三墳書者，則始攙太極于太始、太易之中，三墳僞書，出自宋元豐中。其太古河圖代姓紀有太始、太極、太易、太初、太素諸名。然尚曰：「太始爲一，太極次之，太易爲二，太初爲四。」太始數一，一爲太極；太易數二，二爲兩儀；太初數四，四爲四象。而易緯鉤命訣〔一〕則直曰：「天地未分之前謂之一氣，于中有太易、太初、太始、太素、太極而爲五運。」四「太」解義與列子同。按，易緯爲漢時術士讖緯之書。鉤命訣已亡，此散見他書註中。則直降太極于末，而升四「太」于太極之前。故禪源銓集有原人論云：「彼始曰太易，五重運轉，乃至太極。」禪源銓集，唐圭山僧著。又衛琪云：「五太以前，冲穆無朕，不可稱說。五太見易鉤命訣。」則在漢後二氏始于太極之上實有所加，然而猶未加以「無」也。自緯書有乾坤鑿度，未知出于何時，其書詭稱黄帝譔，而中多引孔子爲言。後漢黄琬、張衡諸傳皆有引註，意必後漢人僞作。中歷引列子四「太」而斷之曰：「太易始著太極成，太極成，乾坤行。太易，無也；太極，有也。太易從無入有，聖人知太易有理未形，故曰太易。」則始逗「無」字，而其所謂「無極無形，太極有理」之說，此宋儒解圖說語，正與「太易有理未形」句相合。已髣髴乎具之矣。及王輔嗣作易註，則老氏學也。引老子及易緯之說註云：「夫有必始于無。」老子原有「始生于無」語。「故太極生兩儀。太極者，無稱之

〔一〕鉤命訣爲孝經緯，易緯二字誤書。

稱，不可得而名，取其有之所極，況之太極者也。」而于是無之名生焉。是以唐僧杜順作華嚴疏，其演義杜順號帝心，肅宗時僧。有云：「以四『太』言之，則太易爲始；以五『太』言之，則太極爲終。夫『一陰一陽之謂道』，道者何？無之稱也。但寂然無體不可爲象，必有之用極而無之功顯。」此即「不言太極，則無極淪于虛寂」諸説所始。則是以無爲極，以極爲無。無在極前與極在無後，在二氏所言亦既斷斷焉無所不至，而特未嘗以現成「無極」二字顯加之太極之上，而圖説加之。

且其所加者，則又歷見之道、釋諸書明立其名，以與太極相牴牾者，曰「無極」。

夫易與書皆有「極」字，然皆有「有」字。易曰「易有太極」，書曰「皇建其有極」，又曰「會其有極」，「歸其有極」。出洪範篇。惟二氏則皆有「無極」二字見于其篇，如老子曰：「知白守黑，復歸于無極。」出知其雄章。莊子曰：「入無窮之門，以游無極之野。」出在宥篇。柳子厚天對曰：「無極之極，莽瀰無垠。」則正用莊子語。列子曰：「物之終始，初無極已。」又曰：「無則無極。」此列子湯問夏革篇語。又曰：「無則無極，有則有盡。無極之外復無無極，無盡之中復無無盡。無極復無無極，無盡復無無盡。是以知其無極無盡也，而不知其有極有盡也。」汲冢周書曰：「正人莫如有極，道天莫如無極。」是書晉太康中出于魏安釐王冢。

按，安釐王卒于東周君十三年戊午。是時無焚書之禍，安得殉書冢中？況所殉者，適所逸者也。自周戊午至晉太康元年，已五百二十三年，墓中竹簡焉有不毀？此皆西晉老氏之徒所僞爲者。宋李燾曰：「此僞書，託周爲名者也。」參同契曰：「往來洞無極。」出關鍵三寶章。後秦僧肇論中和集曰：「妙契之致，本乎冥一，物我元會，歸于無極。」僧肇，後秦姚萇時人，作肇論入藏，此出通古第十七篇。又唐清涼國師普賢行願品疏有云：「靈鑒虛極，保合太和。」而唐僧圭峰註云：「虛極者無極，謂虛無太極之道也。」又關中王弘撰云：「無極之真，出唐僧華嚴經法界觀。」按，清涼、圭峰皆唐時國師，法界觀亦唐僧帝心作，然未考。況唐玄宗時則實有上方大洞真元妙經品，爲太極圖之所自始，而玄宗敕賜入藏，且御製以序，首稱「真元聖主，上方開化無極」寶號，所以闡太極先天而頌爲真元無極之妙品。則此無極者，明明爲二氏歷建之名與仙佛共著之目，而且根氏參同，發源道藏，無極太極竟爲此圖所本來。則雖至德要道爲吾學必須，亦且姑避其名，以防侵蝕溷餚之害。況公然方士所傳，老僧所授，以二氏家人述二氏宗旨，而以之增損吾聖人之言，是亂之也。且夫子「太極」一言，亦何嘗少有遺憾，以俟後人之補救？即其言果有遺憾，而在春秋以後，趙宋以前，歷千三百年，文人學士皆不以此言有所惑悮，而必藉補救，則亦可以止矣。

當時國史以濂溪儒宗，載圖説原文入濂溪傳中，本曰：「自無極而爲太極。」而南宋儒者刻其説于乾道間，則曰「無極而太極」。或曰「國史增『自』『爲』二字」，或曰「後儒去『自』『爲』二字」，皆不可定。而元時爲宋史者則始去二字，與宋儒合。

圖説曰：「無極而太極。」全文分載，不遺一字。

圖説在程、邵諸儒未嘗言及，故世亦未見其文。至南渡後，朱子始刻其文于乾道間，而當時見者皆不能信，多起而爭之。然在所爭者亦祇見「無極而太極」作五字句。及朱子遇洪景盧于玉山，語及原文，知國史于濂溪傳中所載圖説首句作「自無極而爲太極」。時景盧爲史官，遂借觀其所藏史本，請去「自」「爲」二字，不可得，乃指爲史官所增，擬請改去。圖説附録朱子云：「夫以本文之渾全明白，猶或妄有譏議。若增此字，其爲前修之累，啓後學之疑，益以甚矣。」夫史官無改人成文者，史局條例：若載人成文、賦頌、奏議等入本傳中，但許删篇段，不許删字句，至改竄，則一概禁絶。況景盧名邁，即洪容齋也。容齋博覈伉直，定無訛錯與益損二弊。即或非其手筆，係前人史官，然亦何苦爲此。乃後人以爲朱子删去「自」「爲」二字，如韓苑洛輩。則又不可定。若史文，則終宋之世未嘗請改，祇存其説于語録中，且引蘇子容請改史文故事，以明可改之例。朱語録云：「會當請而改之，而或者以爲不可。昔蘇子容特以爲父辨謗之故，請刊國史所記『草頭木脚』之語，神祖猶俯從之，況此乃百世道術淵源之所繫耶！正當援此爲例，則無不可改之理。」而宋後爲史者，始據朱子本得改去焉。

乃其時所爭者，仍祇「無極而太極」一語，

其時左之者多，右之者亦不少，惟陸子靜則顯然有主客往復，見于諸書。向時講朱、陸異同，極祖朱子，今平情以觀，知子靜所言，亦未可盡非也。朱子論「無極」要義，全見于與陸梭山書，其平時語録中亦載此言，今性理卷首亦有之。朱子與陸梭山書有云：「不言無極，則太極同于一物，而不足爲萬化根本；不言太極，則無極淪于虚寂，而不能爲萬化根本。」按，性理、語録後「萬化」字爲「萬物」，又有差等。陸子所復凡三，其要言亦祇在第一復中。陸子答書有云：「夫太極者，實有是理，聖人從而發明之耳。其爲萬化根本，固自素定。其足不足、能不能，豈以人言不言之故耶？作大傳時不言無極，太極何嘗『同于一物，而不足爲萬化根本』耶？洪範『五皇極』列在九疇之中，不言無極，太極亦何嘗『同于一物而不足爲萬化根本』耶？」按，朱子與陸梭山書不知何時，其與子靜書則在淳熙丁未。以子靜不伏其言，而朱子詢之，故子靜有復書。其書約二千言。梭山，子靜兄子美，名九韶，自號梭山老圃。其他往復，則主客短長，兩兩自見。要之，陸子亦未知就裏者。

朱子又書云：「伏羲作易，自一畫以下；文王演易，自『乾元』以下，未嘗言太極也，而孔子言之。孔子贊易，自『太極』以下，未嘗言無極也，而周子言之。先聖後聖豈不同條而共貫哉？若于此有以灼然實見太極之真體，則知不言者不爲少，而言之者不爲多矣。」按，此亦載之圖説總論之首。往時魏文靖講學道南書院，極不伏此語，謂甫云：「『不言無極，則太極同于一物』，是斷斷不可不言矣。」又云：「『不言不爲少』，此是何説？且其云『伏羲、文王不言而孔子言之，孔子不言而周子言之』，亦未是。孔子言『太極』，未嘗于伏羲一畫之下增一畫，文王『乾元』之下補一元也。假使周子言易，如通書言誠、言德、言仁義中正，則又何礙？惟言無極，則于孔子之言『太極』未免干繫。此非孔子不言而周子可言者。大凡論辨須對針，切勿自語自言，正謂是也。」其餘往復多旁及，惟陸子以陰陽爲道，朱子以太極爲物，陰陽爲形器，此是欲加無極主意。所謂對針者，今略載後。朱云：「無極即是無形，太極即是有理，周先生恐學者錯認太極別爲一物，故著『無極』二字以明之。」陸云：「『形而上者謂之道』，又云『一陰一陽之謂道』，一陰一陽已是形而上者，況太極乎？自有大傳至今幾年，未聞有錯認太極別爲一物者。設有愚謬至此，奚啻『不能以三隅反』，何足上煩特地于太極上加無極以曉之乎？」朱云：「既曰『形而上者謂之道』矣，又曰『一陰一陽之謂道』，此豈真以陰陽爲形而上者哉？正所以見一陰一陽雖屬形器，然其所以一陰而一陽者，是乃道體之所爲也。故語道體之至極則謂之太極，語太極之流行則謂之道。」陸云：「直以陰陽爲形器，而不得爲道，此尤不敢聞命。易之爲道，一陰一陽而已。先後、始終、動靜、晦明、上下、進退、往來、闔闢、盈虛、消長，何適而非一陰一陽哉？說卦曰『觀變于陰陽而立卦』，又曰『是以立天之道曰陰與陽』。今顧以陰陽爲非道，而直謂之形器，其孰爲昧于道器之分哉？」朱云：「若以陰陽爲形而上者，則形而下者復是何物？若某愚見與其所聞，則曰：凡有形有象者，皆器也；其所以爲是器之理者，則道也。如來書所謂始終、晦明、奇偶之屬，皆陰陽所爲之器；獨其所以爲是器之理，如目之明，耳之聰，父之慈，子之孝，乃爲道耳。如此分別似差明白，不知尊意以爲如何？」

而未嘗及其全文。今考其全文，則亦不無可疑者。

圖說曰：「太極動而生陽，動極而靜，靜而生陰，靜極復動。」

此陳摶語也。山陽度正，朱子之門人，有云：「觀摶與張忠定語及公事，先後有太極動靜、分陰陽之意。」又朱子書周子文集後云：「按，張忠定嘗從希夷學，而其論公事之有陰陽，頗與圖說意合。竊疑是說之傳，固有端緒。」則朱子亦自疑其說本陳摶矣。此朱子守南康時編輯周集而附此語。

附先竟山動靜生陰陽論：

易曰「動靜有常」，言陰陽也。天地位而有尊卑，尊卑陳而有動靜。故「陽動」「陰靜」亦言其既生之後，大概有然，未聞生陰陽而先有動靜者也。夫陰陽未生，渾然太極，此時尚未有陰陽之可名，焉有動靜？夫既以陽爲動矣，又曰「動生陽」，將陽生陽乎？既以陰爲靜矣，又曰「靜生陰」，將陰生陰乎？且夫陰陽動靜雖似有分屬，而至于生，則未有不兼動靜者也。陽生于子，則陽氣動；陰生于午，則陰氣動。故動靜者雖陰陽之別，亦生息之分；動則生，不動則息。故陽動則陰息，陰動則陽息，陰陽動靜，互爲推遷。是一動一靜在陰陽尚未能分，而謂太極分之乎？今試執塗人而問之，曰陽生于子而息于巳，陰生于午而息于亥，夫人而知之也；曰陽自子至巳而六時動，陰自午至亥而六時靜，則雖愚者猶疑之也。況以月計之，則自子至巳，自午至亥，已及半載，而生而至極，極而復生，則在陰陽生息已不能如許之偏，而謂太極所生必極而後反，又必反而後復生，是上半年太極動，下半年太極靜，無是理也。夫聖人之言明白顯著，人不於聖人之言是求，而必求之儒者之言，以致紛紛爭執，彼我成訐，亦復何爲？夫説易，可不讀易乎？易曰：「夫乾，其靜也專，其動也直，是以大生焉。夫坤，其靜也翕，其動也闢，是以廣生焉。」是陽不必專動也，動亦陽，靜亦陽也；陰不必專靜也，靜亦陰，動亦陰也。若夫生則既兼動靜，而又必自靜而至于動，而然後得生。

故陽至動直而後大生，陰必至動闢而後廣生。吾向所謂「生必兼動靜」者，此也；向所謂「動則生，不動則息」者，此也；向所謂「陽動則陰息，陰動則陽息，一動一靜，互爲推遷」者，此也。若夫陰陽動靜，合而生物，「乾元資始」，焉有動靜？則又「資生」之前，太極元始所最著者。夫大易具在也，其言陰陽、言動靜又歷歷有可驗也。人敢于議易，而必不敢議圖說；敢于改聖言、變聖言、侮聖人之言，而必不敢言儒者之言之非，不亦悲乎？

圖說曰：「一動一靜，互爲其根。」

說見前。「根」字在儒書無據，唯老子曰：「玄牝之門，是謂天地根。」又曰：「使氣曰彊，是謂深根固蔕。」莊子云：「自本自根，未有天地，自古以固存。」註云：「明無不待有而無也。」禪源諸詮云：「萬物芸芸，各歸其根。況人爲三才之最靈，而本無源乎？」此唐僧圭峰所銓釋者。二句亦見老子。若「人爲最靈」，則圖說直用其語。原人論云：「兩儀生四象，稟氣受質，漸成諸根。」華嚴疏云：「從五大根生十一根。五大者，水火木金土也。」大傳有四象，無五行，此生五行與圖說同。原人論、華嚴疏俱見前。

圖說曰：「分陰分陽，兩儀立焉。陽變陰合而生水火木金土，五氣順布，四時行焉。

五行一陰陽也，陰陽一太極也，太極本無極也。」

太極、五行出二氏書，以太極無五行也。夫有陰陽即有五行。彼皇極不言五行乎？曰：皇極有五行，太極無五行，皇極以疇，此以卦也。「大衍」之註無五行乎？曰：大衍有五行，太極無五行，大衍以蓍數，此以卦象也。蓋陰陽能生五行，五行不能生八卦，不能生八卦，則不之及。土無卦位，而坎、離、震、兑雖配四行，然實無坎、離、震、兑生坤、乾、艮、巽之理。此非無五行也。不能生八卦，則不之及也。故夫子曰「兩儀生四象」，不及五行，四非五也。「兩儀生四象」，合爲二四，二四非二五也。

自列子有云：出天瑞篇。「易變而爲一，一變而爲七，七變而爲九。九者，究也；乃復變而爲一。」其註曰：「易即太易也。」謂四「太」之首也，猶圖説無極也。變而爲一者，氣變而後有太極也。謂氣之始。有太極而後有陰陽、五行，故曰一變爲七。即太極生兩儀、四象。「夫七者，陰陽數二，五行數五，合之爲七。」則此七者正圖説之所爲「陰陽生五行」也，正圖説之所爲「二五之精」也。二五者，七也。至七變爲九，則又以六老陰、七少陽、八少陰、九老陽以合之四象生八卦之數。以爲乾九者，陽數之極。究者，極也。故又變而爲一。此即有必歸于無，終必歸于始，所謂「太極本無極」者。則明明白白列子釋「太極」一章，而圖説襲之以成文者，真二氏之書也。故黄庭經云：「五行相推，大歸一。」正言五行，正言歸一。而易緯乾鑿度云：「太極分而爲二。」註：「七九、八六。」則正攙二五、陽九于其中。而唐僧圭峰于圓覺經疏講易四德，有云：「惟此四故，是五行故，是四時故。」則又正以五行攙四時之先，所謂「五行順布，四時行焉」者。凡諸圖説與諸佛、道藏講太極者無不脗合。是二氏之先，原以易理爲根柢，扳援成説，如所謂「黄老之學，二家所共」者。故陳摶授之，壽涯傳之，而無所疑也。若漢儒釋四象多指四時，以易文有「變通莫大乎四時」語也。故虞翻曰：「四象，四時也；兩儀，謂乾坤也。乾二五之坤成坎，坤二五之乾成離，坎之二四同功爲互震，離之二四同功爲互兑。一中男、長男爲冬春，一中女、少女爲夏秋。至四時所生，則坎之三五同功爲互艮，離之三五同功爲互巽，而八卦成焉。」此四象之説也。乾鑿度又曰：「天地有春秋冬夏之節，故生四時；四時各有陰陽剛柔之分，故生八卦。」然虞翻又曰：「乾、坤生于春，艮、兑生于夏，震、巽生于秋，坎、離生于冬。」則合坎離上互而爲夏，合坎離下互而爲秋者。要之，皆指四時，不指五行也。若其後「易有四象」，則侯果之註又指上下神物爲象形，故曰「所以爲示」。至王弼作易註，則但曰「卦以象之」，始直指卦象。所云老陽、少陽、老陰、少陰者，宋、元人皆宗之。前所及圖象十數家，皆是也。若其次第，則元方回作易集義序所爲「太陽一、少陰二、少陽三、太陰四」。此皆于太極八卦有關會者。唯孔穎達作王註疏義則本列氏學，雜及五行。而邵雍作皇極經世，則又變而爲日月、星辰、火水、石土爲四象。夫以五行爲四象，四象固不辭；即以日月、星辰、火水、石土爲四象，四象亦不辭。然而安能生八卦哉？

圖説曰：「五行之生也，各一其性。無極之真，二五之精，妙合而凝。」

「無極」「二五」説見前。但其所爲「真」與「合」與「凝」者，則二氏書俱有之，豈晉、唐道釋曾讀太極圖説過耶？抑陰合耶？且二氏之書，其不講易者夥夥也，即講易而不講太極者又夥夥也，講易講太極而皆與此同，則此所來矣。華嚴疏曰：「周易爲真無，老子爲虛無。」真無即「無極之真」也。華嚴疏見前。且彼亦以「真」字爲儒書所無，爲二氏所私有。故凡言「真」，則必分彼此，如普賢行願品華嚴普賢行願品見前。曰：「彼指乾元，此明真界。」原人論見前。曰：「太極生兩儀，彼説自然大道，如此説真性。」彼者儒也，此者我也，佛也。彼以「真」字爲吾儒所必不道，爲三古以還儒書所必不有，故直判之爲此外氏家之物，爲外氏家之名。而我忽有之，彼耶？此耶？儒耶？

佛耶？夫彼尚知有彼此而力爲分别，而我翻不然，何也？若夫性與我合，人與王合，保合太和爲佛家要旨，故原人論云：「含無混沌，名爲無始，形氣之始，即彼太極也。雨下不流，陰氣凝也。陰陽相合，方能生成。」此與「妙合而凝」有相發者。故麻衣道者即壽涯也。其正易心法有曰：「六十四卦，惟乾與坤本之自然，是名真體；六子重卦，乾坤雜氣，悉是假合。」其言「真」言「合」，亦無不同。若陳摶所作易龍圖記自序有云：「今存已合之位或疑之，況更陳其未合之數耶？」吾不知其所爲「合」者何指也。

按，摶所作龍圖記不可考，其序則載諸易説中。龍圖者，龍馬圖也。

在初誦其文時，衹以爲圖説可疑原無幾語，其餘多易文，此無容置喙者。而以今觀之，則亦未嘗無可疑也。因著爲遺議，而雜引其可據者，而記之于篇。

圖説曰：「乾道成男，坤道成女。二氣交感，化生萬物，萬物生而變化無窮焉。惟人也得其秀而最靈。形既生矣，神發智矣，五性感動而善惡分，萬事出矣。聖人定之以中正仁義而主静，立人極焉。故『聖人與天地合其德，日月合其明，四時合其序，鬼神合其吉凶』。君子修之吉，小人悖之凶。故曰：『立天之道曰陰與陽，立地之道曰柔與剛，立人之道曰仁與義。』又曰：『原始返終，故知生死之説。』大哉易也，斯其至矣！」

唐宗作華嚴疏序，清凉國師爲註解，有云：「天地未分謂之一氣，天道始分即有五運，形質已具謂之太極。轉變五氣五氣即金木水火土也。遂成五會。有天道焉，有地道焉，有人道焉。」說卦云：「昔者聖人之作易也，將以順性命之理，是以立天之道曰陰與陽，立地之道曰柔與剛，立人之道曰仁與義。」「是故知幽明之性。原始反終，是故知生死之說。」此圖說所本也。不然，「仰以觀于天文」節有三「截」、三「是故」，獨引取「原始反終」中一截，何引易皆脗合如此？

易小帖

易小帖卷一

上繫云：「剛柔相推而生變化。」又云：「變化者，進退之象也。」夫剛柔者，陰陽也。自畫卦以後，陰爻與陽爻皆屬一定，有何相推？有何變化？殊不知變化者，進退之象，則文王繫詞，左氏占驗，全在乎進退諸陰陽之畫而變化之矣。故又曰：「化而裁之存乎變，推而行之存乎通，神而明之存乎其人。」此推易之法也。蓋推易者，往來進退之事也。是以「易曰：憧憧往來」，「子曰：日往則月來，月往則日來，日月相推而明生焉。寒往則暑來，暑往則寒來，寒暑相推而歲成焉」。故又曰：「夫易彰往而察來。」是以六十四卦于泰、否二聚卦，獨曰「小往大來」、「大往小來」。立往來大義而其中之往來者亹亹焉，非推易乎？

乾坤二卦皆有「類」字，乾卦則「各從其類也」，坤卦「牝馬地類」，又曰「乃與類行」，又曰「猶未離其類也」。以乾坤爲聚卦之首，故夫子于此特屢屢及之，類猶聚也，大傳曰「方以類聚」是也。又乾卦「飛龍在天，大人造也」，劉歆父子作「大人聚也」，見陸德明釋文。則是漢儒説易，猶有知推易一法如此。

夫子于推易指示極切，卦卦有之，若其領要，則祇大傳「方以類聚，物以群分」八字。故乾卦文言于九四一爻爲上下將分之際，獨曰「進退无恒，非離群也」，蓋言群分，非分卦之謂也。陽聚而不離，雖分卦而實非離群，故分聚祇就陰陽言。觀後泰、否聚卦，于否之六二曰「大人否，亨，不亂群也」，正言三陰三陽各不相離之意，則以不離爲不亂。大傳所云，不尤瞭然乎？夫子屢示其意而必不明言，所謂「神明」「默識」，「存乎人」也。人奈何不三反也。

道家言無極，實言無氣無形之始，非如朱元晦所云「老子言無極，乃無窮之義也」。老子無極在列子有註脚，以太易未見氣始爲無極，太初既見氣始爲太極。故乾鑿度云：「太易始著，太極成。」太易即無極也。此即「無極而太極」也。又曰：「太極成，乾坤行。」此即「太極動而生陽」，「静而生陰」也。又曰：「有形始于弗形，有法始于弗法。」此即「太極本無極」也。

「物以群分」，乾鑿度以三畫分三名，曰「物有始，有壯，有究」，究即終也。爻詞以三爻、上爻爲終者，即此意。説卦傳亦云其究爲某卦。

彖字不解其義，後讀繫傳曰「彖，材也」，謂一卦之體材也，劉瓛云「斷一卦之材」是也。或引論語集註「無所取材」語，謂「是裁度之裁，材、裁古通字」。則古但以財通裁，如漢書財察、財擇、引決自財，與泰象「財成天地之道」類，並非材字。論語集註故誤解耳。

卦有列兩爲對者，虞仲翔所謂旁通之卦，而孔氏正義名曰變卦，以陽變陰，陰變陽也。卦有合一而顛倒對者，王輔嗣所謂反對，而孔氏正義名曰覆卦，覆即反也。第伏羲畫卦專取旁通，乾坤一旁通，六子三旁通，凡四旁通而畫卦已畢。文王序卦專取覆卦，除乾、坤、坎、離、頤、大過、小過、中孚八卦外，凡五十六卦作二十八覆卦，而六十四序卦已畢。但又有以旁通兼覆卦者，如泰否顛倒卦也。然並列之，則三陰三陽正復旁通。推之而既、未濟，歸妹、漸，蠱、隨皆然。然則易變可一端盡耶？

易有日月相銜〔一〕之文，其字形則上日下月，取其昭明；其字義則日往月來，取其變易。此易緯所云也。又易者生萬物不難，所謂易也。此則難易之易，當讀異，去聲。

〔一〕「銜」，西河合集本作「御」。

又有不易之易，謂不更改天地名、君臣位、父子上下宜。俱以卦爻言。此改易之易，讀亦如字。見乾鑿度。

易原有去入二音，其讀去聲者因舊時未分四聲，故去入同音；而北人讀字又有去無入，是以漢、晉以前多讀異，隋、唐以後多讀亦；北人多讀異，南人多讀亦，其實一也。自舊有去音，昧者遂謂讀異者必易知之易。夫「乾以易知，坤以簡能」二者，不偏廢也，獨取易知，是有陽無陰也，而可乎？

易有五易，見仲氏易首。雖去入兩音，只是一義。古變易之易皆讀去聲，如班固東都賦「紛綸后辟」與「蹈一聖之險易」押可驗。若謂漢、晉以前無變易之解，則繫詞云「神無方而易無體」，此夫子之解義也。若謂隋、唐以後始有入聲之讀，則繫詞云「日新之謂盛德，生生之謂易」，又云「乾坤毁，則無以見易。無以見易，則乾坤或幾乎息」，此夫子之讀音也。豎儒但觀一隙，不覯大通，偶聞易可讀異，便妄生議論，可鄙極矣。至若説文以蜥蜴爲蜥易，此重傍省文之字；而楊升庵遂謂易是守宫之名，則漢書食貨志以疆埸爲疆易，得毋易又是疆畔名乎？古重傍省文字如欄干、瑯邪類。

何平叔作論語集解，其于「夫子之言性與天道」句，註云：「以元亨、日新爲天之道。」而孔氏正義謂：「元亨利貞皆屬天道，單舉元亨者，略言之也。」觀此，則乾卦四德之解其來舊矣。乾者天也，乾德即天道也。日新者，終日乾乾，自强不息，天行健也。平叔以清言解經，尚知有此，况文言本聖人書耶？

乾卦「終日乾乾」，以乾字斷句，此夫子讀法，俗儒以夕字句，固爲不通。至「夕惕若厲」，則在明諸儒多有以「若」字句者，以易文有「紛若」、「嗟若」語也。但漢、晉間儒俱以「厲」斷句，此必有師承者。予既引淮南鴻烈及張平子、班孟堅諸文爲證，偶觀蜀志先主紀，其自表漢中王文有云：「寤寐永嘆，夕惕若厲。」漢新莽時孫竦爲陳崇草奏，有云：「易曰終日乾乾，夕惕若厲。」則兩漢以來師承若一矣。解經不考古而憑臆妄斷，欲重違古人，何可訓也。

朱子發叢説云：「初奇二偶，三奇四偶，五奇六偶。卦有奇偶爲象者，如乾九四曰淵，淵者，重坎也。自四至上有重坎象故也。」王氏易是曰：「乾二文明，坤三含章，俱合離象。」此皆主卦位爲説。蓋卦位上坎下離，一定之數，而文王演辭亦往往取象于是。詳見仲氏易諸卦及推易始末。然卦畫純陰純陽，則卦位尤顯，乾坤是耳。

説卦在漢時已亡，至孝宣時河内女子發老屋得之，至後漢荀爽集解又得八卦逸義三十有一，今諸家所傳則皆逸義也。此非可意造者，故朱氏本義已補入。荀氏集解于説卦傳下，予又從他書補入數處，如子夏傳「坎爲小狐」，今所傳本雖無有，然前儒引據有之，則翻爲補入。以舊子夏傳雖亦僞書，然在隋、唐前，去漢未遠，當或有所受耳。

離有飛鳥之象。説卦逸義曰「離爲飛鳥」，以離位正南，值鶉火之次，鶉爲朱鳥，虞書所云「星鳥」是也。若歸藏初巽曰：「有鳥將來而垂其翼。」薛貞曰：「巽值鶉尾，故稱飛鳥。」此當如小過互巽飛鳥，與明夷之以離爲飛鳥不同。蓋巽位東南，正與離近，當鶉火之尾，故離巽皆象飛鳥，以木火子母本相通故也。若説卦「巽爲雞」、「離爲雉」，八畜之中獨離巽屬禽。翼亦有取象飛鳥之意，且兩畜木火，亦正相通。素問以「雞爲木畜而實銜火精，雉本午質火文」，而月令「雉雊而雷發聲」，漢書陳倉有「聲如雷而野雉皆雊」，則夏禽而感春氣」，皆木火相通之驗。故知説卦逸義雖極精當，然尚有未備，其偶作補苴，非多事也。

離爲鶴，見虞氏易。中孚九二有「鶴鳴在陰」，以中孚爲大離故也。然九家易又云「震爲鵠」，而京房論中孚曰：「九二處和體震，故象鳴鶴。」則震又爲鶴。鶴、鵠通字，黄鶴樓以黄鵠山得名是也。舊欲增「震爲鶴」于説卦中，以既有爲鵠，則不必複出，且房但言義，無明明「爲鶴」二字，故已之。其及震者，以中孚二四同功爲震，故云。

歸藏之乾，有「乾爲大赤、爲天、爲君、爲父，又爲辟、爲卿、爲馬、爲禾，又爲血卦」。此僞書不可據者。夫子説卦本以註易，如爾雅之註詩，必易中有其辭而故爲標之。爲卿、爲辟、爲禾，將安用之？若其餘則又夫子所已言者，豈商易卦辭與周易有相通者耶？

虞氏易有「巽爲魚」語，見于剥、姤及中孚三卦，以剥有「貫魚」，姤有「包魚」，中孚有「豚魚」故也。但姤及中孚皆有下巽，而剥獨無有。予嘗諦觀剥、姤二卦，皆以陰陽升降消息爲義，魚雖陰類，然在澤有魚而在山無魚，故剥及五爻已成艮山，姤及四爻亦漸成觀卦，大艮之象，是剥五「貫魚」，喜其尚有魚，而姤四「无魚」，則正憂其魚之自此无也。因于中孚「豚魚」，則以巽爲解；于姤之「包魚」，則又兑澤爲解，以兑澤與艮山反也；且剥無巽也。若仲氏易説卦下亦脱「巽爲魚」句，則檢點不及，非有意去取耳。

「何以守位曰仁，何以聚人曰財。」言以顯仁守位，以富有聚人也。顯仁富有皆大傳中原文，自朱註引陸氏釋文，改仁爲人，致元吴澄、明季本競起改竄而作僞古本，且謂古本如是，可畏極矣。盧東元作此辯云：「經文無義者或改正之，如『井有仁焉』、『吉之先見』是也；有義者不宜輕改，此類是也。夫仁者，天地之大德也。天子守位曰仁足矣，何必改從人乎？武王有臣三千，惟一心仁也。紂有臣億萬人，惟億萬心不仁也。仁則寇戎爲父子，不仁則赤子爲仇讎。故大學曰：『有德此有人。』蔡邕曰：『仁以守位。』」

東陽盧東元嘗以本義易説太略，且盡廢漢、晉前儒之學，引朱子自爲説云：「譬如燭籠，添一條骨則障了一條明。此引喻之最乖方者。夫燭之加籠所以蔽風，非以助明也。如欲助明，則當曰燈檠添膏，不當曰燭籠添骨。何則？膏非增闇之物，籠非助明之具也。自漢至宋千有餘年，説易君子不知凡幾，至理宗朝程、朱説出，而諸儒盡廢，膏之竭矣，何有籠骨？」斯言良然。盧諱格，明成化辛丑進士，官監察御史。所著荷亭集，崇禎間山陰劉念臺先生特爲之序，稱其「能宗六經，誦法孔子，篤行君子也」。每講學輒引其辨論，以示學者。

蔡邕曰：「聖人之大寶曰位，故以仁守位，以財聚人。」見釋誨梁劉昭註。後漢書于梁統傳註曰：「易繫詞曰：『何以守位曰仁。』」又北周蘇綽爲文帝作六條詔，其六「均賦役」曰：「聖人之大寶曰位，何以守位曰仁。」俱不作人字。

禮記經解有「易曰：君子慎始，差若毫釐，繆以千里」。此明是易逸文。故漢東方朔傳、司馬遷自序皆引其語，而王充論衡註及劉昭註、仲長統昌言亦皆引此二語。謂是易緯，則春秋戰國間有何緯書？此言誤矣。若東方朔傳又有「易曰：正其本，萬事理」語，而杜欽傳、後漢范升傳亦皆有之。則易未嘗經秦火，安得逸文？豈漢世説易家文而雜出于是者耶？然不可考矣。

雜卦傳：「晉，晝也；明夷，誅也。」晝與誅失反對之義，初亦疑之，後觀宋人孫奕作示兒篇，以爲明入地爲闇，又卦略有「明夷爲闇之主」語，因謂誅是昧字之誤，昧與晝對，此極近理。若晝與昧押，則無入通韻三聲，與大有象「以發志也」、「自天佑也」，賓之初筵「三爵不識，矧敢多又」正同。

王莽傳：漢兵討莽，莽遣張邯，引同人九三爻詞以作符命，謂「伏戎于莽」，陰起兵以討莽也。「莽」者，皇帝名也。「升于高陵」，「升」者，劉伯升；「高陵」者，高陵侯子翟義也。「三歲不興」，言皆敗絶不得起也。其説雖誣妄，然以之占易，則與周太史繇詞不甚遠矣。要知漢去古未遠，其據詞解斷，猶得古遺法如此。

朱氏本義所載筮儀本之焦氏易林揲法，而不著所自。宋人著書多類此。

坎之九五象曰：「坎不盈，中未大也。」李鼎祚易解作「未光大也」，多一光字。

否之九五「繫于苞桑」，謂苞桑微弱不堪重繫也。舊註以强固解苞字，失其義矣。

晉書儒林傳冉閔與韋謏〔一〕同時，爲光禄大夫。閔拜其子胤爲大單于，而以降胡一千處之麾下。謏諫曰：「恐變起不測，當思聖王苞桑之誡也。」則非强固審矣。苞者，叢生無主幹之名。

「豐其沛」，沛者，水草之名。公羊傳：「草棘曰沛。」禮記王制註有「草所生曰萊，水所生曰沛」語，應劭云「沛者，草木之蔽茂，齊侯田于沛是也」。自王輔嗣註作「幡幔」，而字書遂有以「旆」通「沛」者，然終是改字，非舊義矣。若虞仲翔註易，有曰「日蔽雲中稱蔀」，「日在雲下稱沛」，則不知所據。且一在雲中，一在雲下，何所分别？漢人有師承，或非杜撰。然何以謾誕乃爾。

大過上六「過涉滅頂」，以兑上爲澤、口，故涉之。然而遯以乾易兑，則乾首因兑澤而滅，故曰「滅頂」。此推易之最明者。若後漢趙典傳，其兄子温與李傕書曰：「於易一爲過，再爲涉，三而弗改，滅其頂凶。」則一二三次第，在易文並無其候，且以四字作三截，于大過卦義與上六爻義全不可解。此不知主何師説以有此。

〔一〕「韋謏」，原作「冉謏」，據晉書儒林傳改。

馬季長于論語「在邦必達，在家必達」註云：「謙尊而光，卑而不可踰。」此引謙卦彖傳以爲上文「慮以下人」句作左證也。論語邦家必達，不止一謙，而謙得概之，然則謙德可少耶？

「女子貞不字」「字」字，虞翻、荀爽九家易及唐儒崔憬、李鼎祚諸註本皆作「孕妊」解，即説文、玉篇諸字書亦只有孕乳、撫育二義。故文字之字亦以子母相生爲義，可見也。自朱子本義誤引曲禮「女子二十許嫁，笄而字」語，遂註曰：「許嫁曰字。」夫曲禮之「字」，是名字之「字」，故上文曰「名子者不以國」，又曰「男子二十冠而字，父前子名，君前臣名」，然後曰「女子二十笄而字」，謂男子成人即不名而字，惟君父前則仍名，而女子亦然。故孔氏禮疏謂：「笄而字者，如春秋之稱伯姬、仲姬是也。」若曰許嫁，則明儒郭子章有曰：「男子二十冠而許嫁。」必非禮意。姚承庵有曰：「女子許嫁，笄而許嫁定無是文義。」乃不幸元、明字書竟入其説，將漢、魏、六朝以及唐人凡爲墓銘者，並無男娶女字之文，而明代有之。予嘗昌言其非，而輓近陋儒依回兩端，以已嫁者稱適，未嫁者稱未字、許字。夫此係經文，且爲易、禮二書所共係之文，而以此調停，陋矣。先仲氏曰：「人苦不讀書。昏禮云『女子許嫁稱字』，明于『字』字上加一『稱』字。春秋僖九年，伯姬卒，公羊曰：此未適人，何以卒？許嫁矣。何以知許嫁？婦人許嫁，笄而字之，則明以伯姬之稱而知其許嫁。字者，伯姬也。人不識曲禮，盍亦就諸經一觀之乎？」

大畜「何天之衢」，何、荷通。即在噬嗑「何校」已有之，故鄭康成曰：「艮爲手，乾爲首，而肩當首手之間，荷物處也。」則分明是負荷之義。故康成又曰：「乾爲天，艮爲徑路，此天衢也。」則實言大畜三陽不家食而登天衢，于卦義、爻義兩俱暸然。程傳解爻詞則曰「誤加何字」，解象傳則又曰「何以謂之天衢」，作詰問解，至本義又曰「何其通達之甚」，此皆惑于王輔嗣語詞之註而誤之者。宋人極倔强，獨于王註則遵若科律。歐陽修謂「易無王註，則淪于異端」，反謂大衍非文王之事，説卦非聖人之言。其敢于毁孔子而必不敢違輔嗣，何以至此？

坎六四「樽酒簋貳」，此孔子所讀者，象曰「樽酒簋貳」是也。貳者，副也。鄭康成曰：「天子大臣以王命出會諸侯，主國尊桮，簋副，設玄酒而用缶。」此自可據，而朱子以「貳」爲益酒之「貳」，引酒正「大祭三貳」爲註，則于「簋貳」爲不通矣。于是引晁以道僞古本，以爲先儒皆「簋」字作句，以「貳」字連下讀。及註象傳辭，則明與孔子所讀不合，乃又引晁氏據陸德明釋文本，謂「原無貳字，所當删去」，則不信孔子而信輓近作僞之小儒，大無理矣。據晁氏云：「先儒多此讀。」考漢、魏、六朝並無其人，惟虞仲翔易有「禮有副樽，故貳用缶」。則雖以「貳」字連下作説，而仍以「貳」字解樽枎之副，則仍以「貳」字句。觀其于象傳仍不去「貳」字可驗。且爻詞多有韻者，坎自六三至上六皆有韻文字，「樽酒」與「用缶」、「自牖」三韻相協，「簋貳」其讀也。若曰「樽酒簋」，不惟孔子不然，文王演辭亦豈其然？

「樽酒簋貳」，以坎水有酒象，坎之窗有簋缶之象。若鄭康成謂：「四以互體居震之上爻，而其辰在丑，丑上值斗，可以斟酒。又斗上有建星，其形似簋，建星上有弁星，其形又如缶。」此又以卦象方位解爻義者。至離之九三「鼓缶而歌」，又云「此艮爻也。離從遯來，故有艮爻。位在丑，丑上值弁星似缶」，則以艮、震皆東北方卦，皆在丑位，故云。是坎合艮、震，皆互卦。其爲簋爲缶，又不止震上一爻如此。

「晉如鼫鼠」，説文云：「五技鼠也。」蔡伯喈云：「鼫鼠五能，不成一技，故古云五技而窮。」九家易解皆然。來氏梁山易註以五技鼠爲飛鼠，將以碩鼠當之。雖字可通用，然另一物矣。若廣韻謂「鼠類」，則更不然。易凡象物必有據。此是火地晉，二四爲艮，艮爲鼠，故曰鼫鼠。則實實是鼠，非鼠類也。

頤二五皆有「拂經」語，舊不得其解，謂二養于初、五養于上爲反常。按，爻詞並無初上養人，二五就養之義，且古云「無野人莫養君子」，又云「諸縱生盡以養一丈夫」，則下原有養上之義，即上就下養，未爲反常。至于上之養下，則「養賢及民」，本文有之，又不待言也。且未有六五二字，即接反常而可以成爻詞者。六四「顛頤拂經」，六五「拂經」。

凡經有數義，今字書所載止有經緯、經常、經界、經過諸釋，並不及經臟、經路二義，固屬缺陋。而至于解易，則率以「經常」概之，殊不知頤之「拂經」，本讀作「徑」，去聲，謂吭也。吭爲氣經，如徑之出入，故讀徑。此即莊子之所謂「緣督爲經」，淮南子之所爲「熊經鳥呻」者。蓋督爲中脈，下貫尾閭，上合斷交，而歸其氣于喉吭之間，如云「引脈作吭」者。至于「熊經」，則莊子司馬彪註，原云：「如熊之攀樹引氣，鳥之仰吭嚬呻。」而諸儒音讀皆作去聲，則明明以「熊經」爲熊之引吭。經者，吭也。自郭象註莊不曉此義，但註經爲常，而至于「熊經」，則無可引據，遂至蒙昧。夫經之爲吭，不止引吭爲然也。考漢書列傳，以貫高「縊死」爲絶吭而死，而諸書「縊死」皆作「經死」，如論語「自經溝瀆」，荀子「救經引足」類，亦惟經即是吭。故既可稱經，亦可稱吭。蓋縊處在經即謂之經，如走處在腓即謂之腓，覆處在翼即謂之翼，小雅「小人所腓」、孟子「輔之翼之」是也。舊以經解縊，非是。況引吭曰熊經，絶吭曰雉經，引吭絶吭總皆以禽獸爲喻，雖雉飛熊走族類不一，然猶是仰吭。而在引氣則謂之熊經，在絶吭則謂之雉經，其爲經同。而所以爲經不同者，止以熊善養氣，雉易搶死，故有殊耳，實則易之「拂經」，莊子之「緣經」，淮南子之「熊經」，國語之「雉經」，只是一經。故「熊經」讀徑，「雉經」亦讀徑。陸德明之註曰：「如字。」亦仍不甚解，而誤爲正定者也。若韋昭註「雉經」，但云「縊死」，而諸家以雉字解「雉性耿介，頭搶屈折」，皆不爲過，獨孔仲達作檀弓疏，引鄭註「雉經」字，謂「康成曾以緆箸牛鼻繩」，註云「今人稱之爲雉」，遂以「雉經」爲牛鼻繩所縊而死，則未免杜撰。但仲達又云：「漢書所載趙人貫高絶吭而死、申生雉經當亦如是。」此是實據。而字書蔑裂，竟失此義，陋矣。若頤之「拂經」，則正與頤類及者，「朵頤」、「拂經」，皆欲食之狀，何精核也。詳見予本卦註下。

解象「雷雨作而百果草木皆甲拆」，甲者，孚也。芽萌于殼莩中拆，則自甲分裂而出，本自明白。惟馬季長、陸公理、鄭康成本俱以「甲拆」爲「甲宅」，謂「皮曰甲，根曰宅，宅猶居也」。註釋家多引之。然百果草木皆皮根，無是句理。後考康成註，原有「皆讀如人倦之解，解謂拆，呼音罅」，則是「皆」字讀作「懈」，而解作「拆」，謂拆皮與根也。此以「皆」爲「拆」，故以「拆」爲「宅」。不然，但有皮根而無解拆，雷雨之作何爲矣。

明夷「夷于左股」，左在右後，即師卦左次可驗。惟蘇子瞻云：「爻言左右，猶言内外也。在我之上，則于我爲左。」是以左在上，右在下，不知所據。若鄭康成説，以「夷于左股」爲「睇于左股，旁視曰睇。謂六二視九三」，則似左在上矣。然其解謂：「六二辰在酉，酉是西方；九三體在震，震是東方；六二下離爲目，九三辰得巽氣爲股；六二有明德，欲承九三，故云睇于左股。」則仍以方位言左東右西，以西方之酉借離目以視東方巽氣之股。但指東西不拘上下，與蘇説又不同。

先子嘗言：「東林講易，有輕薄子云：『每卦分六爻作六家，使之一排居住，有時相好，有時相惡，忽然起猜疑，無端有嫉妒，時或五家讎一家，否則一處鬭五處，前牽後挽，左控右訴，顛倒反覆，不知何故？竊不審聖人説易何以設立此惡薄門户。』其言雖輕薄，隣于侮謾，然輔嗣易註與宋儒諸説易家原是如此。且又拗曲作直，重冤叠抑。二原不猜三，而就辭釋意，强坐以猜；初未嘗惡二，而因文立義，誣指爲惡。其意不過欲翻掀象數，造此孽境。然亦不宜惡薄如此。雖曰作易在中古，又曰當紂與文之世，然有憂患者何必至是。」

屯六三「即鹿」，即，從也，猶從獸、從禽也。後漢逸民傳有「野王二老」即禽即虎，本此。

易小帖卷二

互卦三聖俱有之，見予仲氏易。繫辭註中，若漢儒則京、焦、馬、鄭以後，無不備及。非是不足以成易也。且漢儒尚有四爻五爻連體一法，與二四三五以中爻立互者又别，如虞仲翔于豫卦䷏云：「初至五體比，故利建侯；三至上體師，故利行師。」一以上四爻連體，一以下五爻連體也。若賁卦䷕侯果曰：「自三至上有頤之象。」中孚䷼虞氏曰：「自三至上體遯。」皆四爻連體一例。

本義「奔其机」無解，按，字書机只是木，與易義不合。此机字當是机字，机、几同，程傳謂「俯而凴之」是也。若朱允升謂「車中之机」，則車中是軏，車傍从兀，係輹端衡木。並無通作机字者。

「帝乙歸妹」，程傳以帝乙爲成湯，又爲祖乙。按，紂父名帝乙，成湯名天乙，天乙、祖乙自皆與帝乙不同。但乾鑿度云：「易之帝乙爲成湯，書之帝乙六世王，同名不害以明功。」又曰：「湯以乙生，嫁妹本天地，正夫婦。」則當時原有以帝乙屬成湯者。觀後漢荀爽傳，其對策引「易有云：帝乙歸妹以祉，元吉。婦人謂嫁曰歸，言湯以娶禮歸其妹于諸侯」是也。惟左傳杜註則指定微子之父，與虞氏易曰「紂父」正同。此是正解。若又曰祖乙，此即鑿度所云「六世王」者。商自湯至祖乙，雖有十餘帝，而父子相嬗，祇得六世，則正指其人。要知天乙、祖乙原非帝乙。第漢儒解易，必謂文王口中或不應斥言近帝，則寧將三乙溷稱之，而後儒冒昧，即亦相習不察耳。

本義既濟「亨小利貞」，以「小」字作句，謂之亨小。此本王輔嗣註，然實不始輔嗣。虞仲翔即有「小謂二也，柔得中，故亨」。小之文則始于虞矣。後儒不見王以前易，不知所始，然本義則亦但本王註耳，他何從知之。

「小狐汔濟」，汔，幾也。王輔嗣謂：「能剛健拔難，然後克濟。」此稍有以「汔」爲畢力之文，然未嘗明註曰汔當爲仡也。程傳遵其説，竟改「仡」字，且引秦誓「仡仡勇夫」爲證，則失漢儒註書義矣。易有習用字，井卦「汔至」，亦作幾解，且與坎水接濟，彼此隱合，則何不如字，爲恰當乎？

豐之初爻「雖旬無咎」，旬者，十日之名，鄭康成所謂「十日者，朝聘之禮」是也。自荀慈明「本作均字」，而王輔嗣遂註「旬」爲「均」，致程傳、本義俱以「均」字爲「旬」字釋，間嘗疑之。及考周禮均人註「凡均力政，以歲上下，豐年則公旬用三日焉，中年則公旬用二日焉，無年則公旬用一日焉」，康成註云：「旬，均也。」引「易坤爲均，今書亦有作旬者」爲證，此即荀、王釋均之所始。第細繹禮文，此是康成誤註者。按，公旬三日，此與王制「用民之力，不過歲三日」同。其曰「公旬」者，非謂均人公役必當限以十日也。歲以日爲始，日以旬爲終，但言旬而日之成數已該。所謂「公旬」，亦衹曰公役之日云耳。康成意以爲三日、兩日不當稱旬，故遂註爲均。此孔仲達疏鄭意所謂「三日非十日」者。然以均人「均力」而立爲均政，亦何難直作均字。且本文前後凡爲「均」字者不止十餘，獨此一字忽以異形參其間，世無是理。若内則「旬而見」文，亦註作「均」，此即康成註「公旬」之成見，而一誤致再誤者。按，内則「由命士以上及大夫之子，旬而見；冢子未食而見；適子、庶子已食而見」，其所云「旬而見」者，正云越十日而始得見也。曰未食、已食者，于十日之際見時，或已食，或未食也。乃註旬爲均，則其義難解。于是增其説云：「有時適妾同時生子，均而見者，以生之先後見之，既見乃食。」則于本文既周章不明，而且增「同時生子」之説，傅會增飾，大無理矣。若其引均旬字義，證左絶罕。既引易説卦傳「坤爲均」，有今本作旬字爲證，則有無今本原不足憑，縱有之，亦字形之誤，非本義也。乃既取作證，而其註内則則又云：「旬字是均聲之誤。」則仍屬誤字，並非字義。且幾見均旬爲同聲者，即此兩證皆周章之特甚者。而王氏承誤註旬爲均，是王氏作註本欲攻鄭氏之短，而此獨拾其棄唾而不自知，何也？況康成註易則又仍作十日也。

鄭康成註「雖旬无咎」，以旬爲十日，此是確解，前既已詳言之矣。但其云「初修禮，上朝四，四以匹敵恩厚待之，雖留十日不爲咎」，正以十日者朝聘之禮，止于主國以爲限，聘禮畢歸。又云：「大禮曰旬而稍，旬之外爲稍，久留非常。」詳其說，似云禮限十日，過限即非常禮也。此于易義爲最合者，第其禮別無他據。且初爻朝四爻，亦不可解，豈以初九爻辭有「遇其配主」語，謂四本初配而主有君稱，故當朝耶？然則九四亦有「遇其夷主」語，此誰主耶？此四又當朝誰耶？

「師中」之「中」，雖以二居中得名，然兵法大將居中，即春秋傳所云「將中軍」者，蓋兵雖凶，禮尚右，然兵貴有參，參則勝而兩則争。何氏訂詁以周書「人道尚中，耳目役心」當之，非無爲也。

「師左次」者，兵禮尚右，右前左後，八陣以前衝爲右，後衝爲左是也。若焦弱侯云：「四乘坎之上，與兵法右背山陵，左前水澤意合，故曰左。」朱楓林旁註謂：「四變則互震爲左。」來矣鮮云：「乾先坤後，乾右坤左，故明夷六四陰也曰左腹，豐卦九三陽也曰右肱。」此皆以兵法并乾坤爲説，統不如卦例以上一爻爲右、下一爻爲左之簡當，然此猶尚是有據之言。

「七日來復」，只從剥之上爻至復之初爻，合七爻爲七日，蓋十二辟卦以剥爲陽之將盡，復爲陽之初生，故特取二卦爲辟卦之驗，則就剥上爻歷坤六爻至復而合爲七日。十二辟卦平分陰陽，陰六卦自五月建午一陰生，姤卦始，歷二陰遯，三陰否，四陰觀，五陰剥，而陽將盡矣。至六陰坤，則陽既盡，而于是一陽復生，謂之復。其所以必從剥起者，緣姤、遯、觀、坤皆別爲象義，而惟剥與復則專言陰陽消長之理，與否泰同。故剥復倒對復䷗䷖剥，但觀復而剥在其中，不必別取他象，而惟以復之所始者爲剥之所竟，曰七日。如臨觀倒對臨䷒䷓觀，但言臨而觀在其中，不必別取他象，而惟以臨之所進爲觀之所止，曰八月。臨進而泰、大壯、夬、乾，反而生姤、遯、否、觀爲八月。此定理，亦定例也。侯果謂：「十一月天行至子，五月天行至午，凡歷七月爲七日。其不言月而言日者，猶豳風以一月爲一之日，二月爲二之日也。」則自十一月子至十月亥仍是六陽六陰，臨觀八月之説，恐辟卦相形，例無重見。且八月是月，七日是日，以月作日，究爲未安。且六陰六陽亦是六月，非七月也。

若何氏訂詁謂：「七日即七月。然非自五月建午掄至十一月建子爲七個月，只五月便名七月，周之七月，夏之五月也。」則「七日」二字專屬五月一月。謂五月一月而即已來復，大是無理。惟李鼎祚易解謂：「易軌一歲有四時十二月三百六十五日四分日之一。以坎、震、離、兑四方正卦坎北方之卦爲冬至，震東方之卦爲春分，離南方之卦爲夏至，兑西方之卦爲秋分。此四正卦。若艮、巽、坤、乾，則四隅卦矣。分直四時，每一卦司一季，一爻司一氣，每卦六爻，六氣合之得四六二十四氣。而以十二辟卦直十二月，復十一月起，至坤十月止。說見前。每一卦各管四卦，如坤十月卦也，其所管爲未濟、蹇、頤、中孚四卦。凡五卦直一月，一爻直一日，合之得五六三十日。是易六十四卦除四正卦不直日外，自十二辟卦以及餘四十八卦凡六十卦，合之剛得三百六十日，當一歲周天之數。其餘五日四分日之一，則又每日分爲八十分，五日分爲四百分，加之四分日之一又爲二十分，合之得四百二十分，而以六十卦計之，六七四十二，每卦又各得七分。是一卦六爻該所得六日零七分，而以爲七日，舉成數也。今剥之至復隔坤一卦，則正隔六日七分爲七日。」此以易緯分卦直日之法解易，似乎精確，但其中有大謬者。夫剥之至復雖曰七日，實在坤亥一月之中，特未嘗外兼他月，如臨觀八月之可以月計，故却月書日耳，所云七日約七爻之日耳。今直限七日而又非一爻一日，反以六爻該七日，是專以日不以爻，似推曆法，非推易法，固已非是。至實以分卦直日之法計之，則所云自坤至復者，計坤直十月，凡管四卦，坤之至復必歷未濟、蹇、頤、中孚四卦，而後至于復，則已隔四七二十八日，而况復之所接又是中孚，並不是坤。若謂中孚與復止隔一卦，陽氣之動實兆中孚，則于「陽生于復」、「見天地之心」諸語，又齟齬不通。况京、焦、緯學甚屬矯强，即時月與日並無分別，積日成月，積月成時，原無有二。今十二直月既同列直日之數，而獨于直時四卦不録直日，此皆以曆數强合易數，而究竟不齊，不可訓者，至覈日則尤謬之謬矣。若近儒因推算不合，又從而小變之，謂七日之日以曆書每日一周天之日言，不以緯書六日七分作一卦之日言，則此説易乎？抑説曆乎？何不通至此？

論語唐孔氏疏引春秋元命苞及樂緯稽耀嘉云：「夏以十三月爲正，息卦受泰；殷以十二月爲正，息卦受臨；周以十一月爲正，息卦受復。」此即三正相傳舊説，而以三辟卦合之，復辟十一月，臨辟十二月，泰辟正月。十三月者，正月也。

易緯通卦驗論八風，服虔以爲八卦之風，乾風不周，立冬之候；坎風廣莫，冬至之候；艮風融，立春之候；震風明庶，春分之候；巽風清明，立夏之候；離風景，夏至之候；坤風涼，立秋之候；兑風閶闔，秋分之候。此即直日卦氣説而又小變者，然亦説卦次第也。融風一作調風，即條風。

漢藝文志列尚書目，引「易曰：河出圖，洛出書，聖人則之」，故書之所起遠矣。則漢時皆以圖書爲書册，非點注圖畫，如今陳摶所傳也。但祇以洪範當洛書，則惑于孔安國、劉歆諸説，爲非是耳。若隋志謂：「河洛紀易代之徵，先王恐其惑人，祕而不傳。」又云：「孔子别立緯文及讖以遺來世，其圖出于前漢，有河圖九篇，洛書六篇。」又云：「自黄帝至周文王所受本文，又别有三十八篇。」雖其言不經，然其以圖書爲書册之名，則在宋人以前大抵相同。

河洛圖書有謂自堯、舜時所出，尚書中候曰：「堯沈璧于洛，玄龜負書；舜禮壇于河，黄龍負卷舒圖，出水壇畔。」見後漢方術傳序河洛之文、龜龍之圖註。

漢代圖讖皆冒河洛名，如元和下詔，有「河圖稱：赤九會昌，十世以光，十一以興」類。

東漢楊厚傳「就同郡鄭伯山受河洛書及天文推步之術」，此以圖讖爲河洛書，如曹褒傳河圖括地象類。然亦是書，非陳氏圖也。傳稱：「厚祖父善圖讖。」又云：「厚曉讀圖書，及太后引見，特問以圖讖，可驗。」若黄瓊疏順帝謂「宜開石室」。案，河洛則專指災異言，又不同。

「崔駰達旨，故能扶陽以出，順陰而入」，注引乾鑿度謂：「太乙之行從陽出而從陰入，起于坎北，從中男出也；止于西南之離，從中陰入也。」則離不在南而在西南矣。故二四爲肩，離二與兑四也。蔡氏以洛書配皇極，而不知出入先後，誤以坤九在南者爲離，離二在西南者反爲坤，是以九宫襲大傳方位，而全失大衍之卦數者也。其誤如此，而斯世尚指爲洛書，何耶？

舊儒論互卦，以京、焦、馬、鄭諸説爲據，此師承之説也。後有據及大傳者，如「二四同功」爲下互，「三五同功」爲上互類，亦既明曉。奈俗學鄙陋，終執王、韓之説，謂無互卦。予作仲氏易時，已引本易爻詞及春秋傳斷詞，確示之矣。後作推易始末，又悟伏羲卦名早及互卦，如乾兑爲履，履者禮也。乾兑西金之卦，於行屬義，焉有所謂禮者？既視其畫䷉，則上互爲巽，下互爲離，離巽于南方爲火，于行爲禮，則在卦名已有之。又泰之六五有「帝乙歸妹」之文，泰爲坤乾，並非震兑，安得有兄妹之稱？第以三五上互震，二四下互兑，故及之。䷊則演卦立名，且有旁及互體者，况其他耶？予同館喬侍讀作易俟一書，極駁互卦，且曰折衷孔子。予不知其何所解，惜不作一劄詰之。

「震來虩虩」，虩字不見他書，即音與義亦不明。嘗攷許叔重説文，「虩」字無訓，但引「易云：履虎尾，虩虩恐懼」。按，履卦四爻祇有「履虎尾，愬愬終吉」，並無「虩虩恐懼」四字，疑有錯誤。後觀黄氏韻會，其釋「愬」字曰：「音與索同。」又云：「驚懼謂之愬。」而丁氏集韻則云：「或作虩，亦作覤。」至毛晃增韻則並出「愬」、「虩」、「覤」三字，皆釋驚恐。始知説文所引「虩虩」即「愬愬」，其引易文則止「履虎尾虩虩」五字，而「恐懼」二字則釋「虩虩」之文也。履卦止「愬愬」，而震卦有「虩虩」、「蘇蘇」、「索索」三重字，虩與索與愬同音，皆生責切，而愬與蘇又同音，皆生徂切；惟毛晃音汔逆切稍異，而其釋恐懼則諸書並同。宋儒不識「蘇蘇」、「索索」之解，誤祖虞仲翔説，謂「蘇者死而復生，索者索然氣盡」。吴澄、熊過奉爲金科，至妄爲解義，云「虩者蠅虎之名」，則豈有生物名而叠之作重字者？其誕妄可知也。按，覤亦重字，莊子「覤覤然驚」。

愬愬、虩虩同字，故履之「履虎尾，愬愬」，馬季長本作「虩虩」，震之「震來虩虩」，荀慈明本作「愬愬」，對較便明。易不經秦火，任人傳讀，故同讀之字一字數形，其譌反多于他經有如此。

商瞿魯人，春秋時善易者，其爲孔子弟子，他無可考。惟漢史有云：「魯商瞿子木受易于孔子，以授魯橋庇子庸，庸授江東馯臂子弓，弓授燕周醜子家，子家授東武孫虞子乖，子乖授齊田何子裝。漢興，田何以齊田徙杜陵，號杜田生。」是孔子之易五傳至何，爲漢代傳易之宗，而其親受孔子者，實商瞿也。若乾鑿度稱：「孔子生不知易，本偶筮其命得旅，請益于商瞿氏，曰：子有聖知而無位。孔子泣而曰：鳳鳥不來，河無圖至，天之命也。于是始作十翼。」是夫子素不知易，反受教商瞿氏，而後作易傳，謬矣。若後儒作僞子夏傳有云：「孔子之易傳之子夏。商即子夏，名瞿。子木者，别是一人。」則橋庇子庸、馯臂子弓輩皆連類，並稱一人耶？抑兩人耶？

子夏傳易無考。史志子夏傳、詩文選有子夏詩序，或云詩小序亦子夏作。又子夏有儀禮喪服一篇，馬融諸儒曾爲訓説。風俗通云：「穀梁赤，子夏門人。」故舊稱詩、禮、春秋皆子夏所傳述者，然並不及易。即後漢徐防上書有云：「詩、書、禮、樂定自孔子，發明章句始于子夏。」則詩、禮、春秋而外，并書亦並歸子夏，然亦無易名。漢藝文志易十三家，無子夏撰述，惟隋、唐志有子夏傳二卷，不知所始。或謂係漢時杜子夏作，以子夏名同見誤。其説見孫坦周易析藴，然亦無實據。嘗考陸德明釋文及李鼎祚易解，亦偶引及，則在唐時已信行其書。然陳氏有云：「釋文、易解所引者，反爲今子夏傳本所無有。」又在隋、唐志止云二卷，上卷已殘闕，今所傳本有十一卷。又孫坦云：「或取左氏傳證之，晚又得十八占，稱夫子曰縣官。今亦無左傳與縣官之稱。」則不惟非子夏傳，亦并非隋唐所傳本矣。若晁以道謂：「舊子夏易傳二卷，唐劉子玄已知其僞，然其書不傳。今號爲子夏傳者，崇文總目知其爲僞，而不知其所作之人，乃〔一〕獨知爲此唐時張弧所作。」不知何所據而云然。按，弧爲唐試大理評事，館閣書目曾載弧所著書，然亦無言作僞子夏傳者。予仲氏易中亦偶引傳文并經文互異字，總見陸氏釋文及李氏易解本。若今所傳本則向無其書，今適爲崑山徐氏所雕刻，亦急閲一過，然並不引及。總之僞書，無可道耳。

左傳「三墳五典，八索九丘」，不知所指。孔安國謂：「三墳者，伏羲、神農、黄帝之書；五典者，少昊、顓頊、高辛、唐、虞之書。」則其三與五亦但合三皇五帝數目，而作僞三墳者，竊子華子「出于一，立于兩，成于三，連山以之而呈形，歸藏以之而御氣，大易以

〔一〕「乃」，西河合集本作「予」。

之而立數」，遂造三墳名色，曰山墳、形墳、氣墳，謂即羲易與連山、龜藏三皇之易，則無理矣。至「八索九丘」，孔氏謂「夏、商、周所傳大訓」，然又謂「八卦之設謂之八索，求其義也。九州之制謂之九丘，言九州所聚也」，則豈八卦之設在夏商後耶？若山堂考索曰：「八索八卦之説則正述孔氏語，然孔氏又謂先君孔子讚易道以黜八索，述職方以除九丘。」則八索九丘總爲夫子所除黜者，更不可解。

周禮「太卜掌三易之法，一曰連山，二曰歸藏，三曰周易」。鄭康成謂：「連山夏易，歸藏商易，與周易而三。」此必師承有據之説，故禮運引孔子曰：「我欲觀殷道，是故之宋，而不足徵也。吾得坤乾焉。」註者謂即歸藏之書，其名坤乾者，以周易首乾，商易首坤也。然又名歸藏，以大傳曰「坤以藏之」也。由此而推，則連山爲夏易可知。故干寶謂：「連山者，列山氏之書也，而夏人因之；歸藏，軒轅氏之書也，而商人因之；小成者，伏羲之易也，而文王因之。」則以連山、歸藏適與炎黃二帝氏號相合，則必二帝原有其書，而夏商因而用之。此與皇甫謐帝王世紀「夏人因炎帝而曰連山，商人因黃帝而曰歸藏」正同。若杜子春、賈公彦輩註三易，謂「連山作于伏羲，歸藏作于黃帝，合周易爲三易」，則以連山屬伏羲，爲夏易所因之書，與連山本神農、周易本伏羲之説大相刺謬。

而後儒祖其説以闢康成，且有謂連山、歸藏并非夏商之易，則并賈、杜亦矛盾矣。賈、杜謂「夏易本羲易」，未嘗謂「有羲易，無夏易」也。正惟夏商原有易，而周官太卜掌卜筮之法，則三易兼用，故并及之。觀左傳、國語筮卦，有「遇艮之八」、「泰之八」語，註者謂「夏商易占變不用九六，而用七八」，故云。公羊傳疏孔子欲作春秋，卜之得陽豫之卦，宋氏云：「此夏商之卦名。」則明明夏商有易，且亦明列之，三易之數爲太卜兼用，與周官同，而不學之徒尚謂「夏時非易名，羲易非夏易」，何其陋乎？

舊儒作三統説者，有謂：「周正建子，實得天統，故周易以乾爲首，乾者天也；商正建丑，實得地統，故商易以坤爲首，坤者地也；夏正建寅，實得人統，故夏易以艮爲首，艮者人也。」按，乾天坤地，以之合天地二統，最爲明確，惟艮爲人統，頗費解説。一曰艮卦畫象似古文人字䷳，不無穿鑿。一曰周易艮卦六爻皆以人身取義，則夏易連山何得先曉周易爻辭，而取義于此？若宋人謂「乾始萬物，坤終萬物，而艮則終始萬物」者，其于首艮之義則得矣。然以爲人統，則仍未解。按，説卦傳艮爲東北卦，于方爲寅，寅者人也，所謂「天開于子，地闢于丑，人生于寅」也。則艮爲人統，亦猶之寅爲人統，而又何疑焉？

十二辟卦，十二月卦也。自復至夬而爲乾，自姤至剥而爲坤，凡十二卦配十二月，每一卦爲一月之主。辟者，君也，主也，謂主一月之卦也。若推易之法，則適以此十二卦爲聚卦，爲他卦移易之主，亦名十二辟卦。其或以乾坤二聚卦無移易法，則又去此二卦名十辟卦，故漢儒又有十辟卦之説，宋朱震、元朱升倣漢儒説作十辟卦變是也。其又名六辟卦，如乾鑿度「洛書摘六辟以建紀」，則又去十二之半者。若晁景迂謂「歸藏僞書中及十二辟卦，似辟卦之説在夏、商已有之」，則以歸藏本後儒僞撰，而辟卦之説在僞書前，遂襲取之，非有他耳。

干寶註三易，謂：「連山首艮，歸藏首坤，周易首乾。」然又云：「『天地定位，山澤通氣，雷風相薄，水火不相射』，此小成之易也；『帝出乎震，齊乎巽，相見乎離，致役乎坤，説言乎兑，戰乎乾，勞乎坎，成言乎艮』，此連山之易也；初乾、初臾、即坤。初艮、初兑、初犖、即坎。初離、初釐、即震。初巽，此歸藏之易也。」則連山終艮，歸藏次坤，與首艮首坤之説自相牴牾。且以大傳「帝出乎震」一節爲歸藏〔一〕之易，亦不合，且亦不知所據。

〔一〕據上文，「歸藏」應作「連山」。

若又云：「伏羲之易小成爲先天，神農之易中成爲中天，黄帝之易大成爲後天。」此即宋儒以伏羲爲先天，以文王爲後天，以八卦爲小成，以六十四卦爲大成之所始。夫大傳祇有「八卦而小成」一語，此又增「中成」、「大成」，原是不妥；且其云小成者，就揲蓍者言之，謂十八變中九變而成内卦，祇爲小成，必十八變而後「引伸」、「觸類」、「能事」「已畢」，非謂伏羲祇畫八卦，至神農而後重之，如京房所云「神農重乎八純」，史記所云「神農觀日中交易而作重卦也」。八卦因重，皆伏羲事，與神農無與，大傳自明。其以「小成」屬羲易固已可怪，若宋人造爲因重之法，陰陽太少層累加畫，指爲先天，而以先天屬伏羲；乃取説卦中夫子所傳羲易卦位攧撲不破者，指爲後天，反以爲此文王易，非羲易，則悖誕極矣。小成、大成，先天、後天，太陽、太陰、少陽、少陰，皆前人已言，而更易其説，遂致懸絶，始知偶然之言，後將憑倚，不可不慎也。又大傳有「上古結繩而治」，「作易者其于中古」語，後儒遂增入下古，以爲伏羲上古，文王中古，孔子下古，易之影響可笑類如此。

連山、歸藏二易久亡，按北史，牛弘〔一〕奏購求天下遺書，其時劉炫頗有名，遂造僞

〔一〕「牛弘」，原作「劉弘」，據北史劉炫傳及牛弘傳改。

連山易、魯史記等百餘卷上之，已取賞去，而後有訟之者，免死除名。鄭樵謂：「連山易至唐始出，皆僞書也。」崇文總目載：「歸藏易晉太尉參軍薛貞註，在隋世尚存十三卷，後祇存初經、齊母、本蓍三篇。至唐世又有司馬膺註十三卷，至宋亦亡。」晁以道謂：「商易爲張天覺僞作。或云即司馬膺作。」故吴澄謂：「連山、歸藏，劉光伯、司馬膺僞書也。」若衛元嵩作元包，亦以先天後天、太少陰陽立卦，一如干寶所言，爲宋人竊襲僞造之始，然亦冒名歸藏易，以坤先乾。此則倚傍不足道者。第桓譚新論云：「連山八萬言，歸藏四千三百言。連山藏于蘭臺，歸藏藏于太卜。」則必漢時尚見其書，故字數鑿鑿如此，惜不可考矣。

宋人以羲易爲先天，文王易爲後天，始于陳摶。此竊干寶伏羲先天、神農中天、黄帝後天之説而改襲之，然不及中天也。先天、後天見文言，若中天，則揚雄太玄列九天之名，一曰中天，非中古之謂。後有造爲陳氏中天圖者，已可笑矣。至宋咸淳末，有東嘉朱元昇者，全襲其説，作三易備遺，以連山爲先天即伏羲易，以歸藏爲中天即黄帝易，以周易爲後天即文王易。此竊干寶中天之名，而又改其説以附于陳氏三天之所未備；仍取蔡季通所定河圖、洛書而反之，以一至九爲河圖，一至十爲洛書，悉如劉長民鈎隱所傳者，以之糾纏八卦之中，命爲易本；乃取陳氏先天圖反覆回互，以當連山，取舊儒納音説牽强傅會，以當歸藏。然又以禮器引「夫子曰吾得夏時」一語，雜及律曆枝幹陰陽分合之數，以充連山；欲避文王後天卦位，仍用先天轉旋、四象老少諸説，以充歸藏。則又與連山先天、歸藏納音之私説，又無所分別。且干寶以大傳「天地定位」一章爲伏羲易，以「帝出乎震」一章爲連山易，而此又竊襲而更改之，以「天地定位」、「帝出乎震」二章總爲連山易，以「雷以動之，風以散之」一章爲歸藏易。大易何書，夫子之傳何傳，乃可任意割剥，拗枉揉曲，爾創彼見，我執此臆有如是者。此侮聖言無忌憚之甚者也。元昇中，嘉定武舉，爲處州龍泉等處巡檢，咸淳中，兩浙提刑上其書，薦之而不見用，今崑山徐氏雕其書，入經解中，凡十卷。

易小帖卷三

仲氏曰：「少讀屯，至二爻澀極，何以乘馬？又何以班如？急繙王氏註及朱氏本義，但曰『乘馬耳，班布不進耳』，則倍澀不已。仲氏嘗謂：「自輔嗣易出，而漢魏諸家之易俱亡。自元晦本義出，而宋元以後之言易者俱統于一。斯世之易祇二家耳。」後得推易法，知二四與上皆與陽爻爲對易，非汎汎六爻中陰陽奇偶者比，則應有婚媾之象，其皆曰『乘馬』宜也。然且各對易而各退居于陰，則亦各宜有不甘妃合之情，于是又皆曰『班如』，以合之屯難。難進之義，其鑿然明確有如是者。」

又曰：「六三亦陰爻而无婚媾，正以三獨無移易也。有難之者曰：二陰與五陽應，四陰與初陽應，三與上皆陰無應，故不乘馬，非關移易也。則何以上又乘馬乎？」

仲氏曰：「蒙之『初筮』與比之『原筮』，亦易中要會。王不註，及朱則但指筮者言，借問六十四卦何一非筮者乎？」

又曰：「蒙六三『見金夫，不有躬』，以蒙卦而忽及此，最屬可疑。而本義但云：『女之見金夫而不有其躬之象。』以觀輔嗣，則云：『上不求三而三求上，故不有躬。』則細審六爻中凡上陽下陰，上陰下陽，内外奇偶，相應何限，何所見而謂此卦六三當求上，此卦上九不求三也？若金夫多金之夫，然亦有説，以兑爲金，艮者金之夫也，以兑少女當配艮少男也。此在推易，九三爲升之互兑，故云。而王氏以金夫爲剛夫，此何稱也？若然，則必木公稱柔夫矣。王氏不尚五行，然亦有本文五行不可不講者，彼安知之？」

仲氏曰：「唐後儒不曉取象，然動輒曰象。如小畜一卦，頗難解説，而本義以象字了之。於『密雲不雨，自我西郊』曰：『故有密雲不雨，自我西郊之象。』『復自道』曰：『故有進復自道之象。』『輿説輻』曰：『故有輿説輻之象。』『夫妻反目』曰：『又有夫妻反目之象。』『有孚，血去惕出』曰：『是有孚而血去惕出之象。』『有孚攣如，富以其鄰』曰：『故爲有孚攣固，用富厚之力而以其鄰之象。』『既雨既處』曰：『故爲既雨既處之象。』如此，則凡上下經六十四卦祗用此一語了之足矣，何必又註也。初讀小畜，至『密雲』二語，頗不能解，及讀小過九五，復有此二句，而重疑之。間考輔嗣註，則第云『陽上薄陰，陰不能固陽，故不雨』。夫以一陰而内外皆陽，何曾上薄？以五陽而爲一陰所畜，何曾不固？且不固不雨，不必西郊也。縱有西郊，亦不必云『自我』也。及觀推易，則無絲毫可假借者。夫以坎之爲水也，其未成爲水則稱雨，如曰『雷雨之動滿盈』是也；未爲雨則又稱雲，如曰『雲雷屯』是也。故猶是坎水，而不成坎則不成水，不成水則并不成雨，此辭例有然者。今小畜一陰從姤、夬來，夬之上兑，上半坎也；姤之下巽，下半坎也，乃以兩半坎合之而成小畜。其在一陰則仍當兩半坎之間，此非密雲乎？不成坎則不成雨，非不雨乎？推之小過，則上震一陽，下艮一陽，震爲上半坎，而艮爲下半坎，與夬、姤同，乃合之而成小過。其在二陽則仍當兩半坎之間，與小畜同。此天然比合者。而況兑爲西郊，小畜、小過皆有互兑，而小畜陰主之，小過陽主之，則其所爲『西郊』者，皆稱『自我』，無可易也。所謂易有五易，而實不易者此也。」

仲氏曰：「同人『利涉大川』，按，卦爻並無川象，言象者自此窮矣。此王輔嗣所以有『一失其原，巧愈彌甚』之誚也。但王註于此並不釋一字，此豈非并巧亦不能者耶。」

仲氏曰：「夫子大象于卦爻無與，然間有從推易者，如隨卦曰：『君子以嚮晦入宴息。』隨合兑、震，澤中有雷，全無『晦宴嚮息』之義；而侯果曰：『坤爲晦，乾之上九來入坤初，嚮晦者也。坤初升兑上爲休息，入宴者也。』此推易也。損卦曰：『君子以懲忿窒慾。』損合艮、兑，山下有澤，亦全無『忿慾懲窒』之義；而虞翻曰：『乾陽剛武爲忿，坤陰吝嗇爲慾。損乾之三以成兑説，故懲忿；據坤之上以成艮止，故窒慾也。』此亦推易也。」

陳氏所傳河圖五十五數，洛書四十五數，本義襲之，載周易之首，然當時實不明指爲孰圖孰書。故李溉親受之陳氏，不再傳，而劉牧作鈎隱圖易解，即已顛倒其説，指五十五數者爲書，四十五數者爲圖。賴阮天隱作僞關朗傳以闢之，然後南宋諸儒翕然變名，如今所傳本。然究有不盡變者，朱子發作圖註，聶麟作圖解，魏華父、張文饒作易義，朱日華作三易備遺，李蒙齋作學易記，皆尚顛倒如劉長民説。然則爲圖爲書，在創授家且無成軌，後此者將安宗之？

朱漢上好論卦變，即大傳「古之葬者不封不樹，喪期无數，後世聖人易之以棺槨，蓋取諸大過」，亦以卦變爲解，謂：「大過自遯四變所成。一變訟，乾見坤隱，不封也。再變巽木而兑金毁之，不樹也。三變鼎，離爲目，兑澤流，喪也。上九變而應三，坎、兑爲節，喪期无數也。木在澤下，中有乾人，棺槨也。」凡言卦變者皆稱之。不知取大過而歷就其他變者以爲象，則是他變卦非本變卦，固無理矣。至略按其説，惟巽木兑尅爲不樹稍近理；若乾見坤隱，則卦原無坤也；至離目兑澤，坎、兑爲節，即自解亦不明矣；若巽木兑口而納乾人于其中，謂之棺槨，則直襲虞仲翔説，與卦變何與焉？

「革，已日乃孚」，漢儒皆作「已革之日」解，然彖詞已革之日乃始孚信，猶云民不可與慮始，必既革而後信之，尚可通也。至爻詞六二「已日乃革之」，則不通矣，豈有已革之後乃始革之爲成文者？惟朱漢上震「以先後庚甲推之，當是戊己之己」，此是確解。但戊己之己亦有數義：一説，金曰從革，于干爲庚。兑之行也，遇離而革。先金一日爲己，居火金之間，正革之當其時者。一説，十干至庚有更革之義，自庚至己十日浹矣。己日，浹日也。革不即孚，浹日乃孚。所謂乃者，有待之詞耳。一説，天有十日，甲至戊爲前五日，己至癸爲後五日。變革天下之事，不當輕遽。如以十日爲率，與其革于未及中半之前，不若革于已過中半之後，亦所謂不輕革者。乃者，難詞也。一説，戊己屬土，己則陰土也。陰土者濕土，爲金之母。凡四時之行，火金爲序，金生于火，必伏之未土之中。今離火將尅兑金，則中隔未土，以爲轉尅爲生之地，故月令于金火之間置一中央土，卦位于離、兑之間置一西南坤，則此卦上兑下離接以己土，于義甚合。舊舉諸説，仲氏極以後説爲當。既而又謂：「己土之説亦即己日中該之，但火金之尅藉土爲生，是調和之，非革之也。遂不從。」蓋説有極精而仍未當者，如此甚夥，不可不辨。

「大衍之數五十」，以天一地二、天三地四、天五地六、天七地八、天九地十之數較之，則天數二十有五，地數三十，其數不合。于是漢儒立説紛紛而起，然大概牽强附會，並無一當。惟唐崔憬闡陰陽老少之説，謂：「陽從三起，順數至五七九而成老陽，不取一數；陰從二起，逆數至十八六而成老陰，不取四數。去一數四數而適得五十。」此稍近理。然夫子傳文不然。其于「大衍五十」之後，即接「天數五，地數五，五位相得而各有合」語，明明以此作五十之註，謂天數與地數相合各有生成之數，而生數止于五，成數止于十。雖合數五十有五，而生成大數止得五十。此夫子自爲釋者。若宋人朱元昇作圖書合數，謂：「河圖之數四十有五，此依劉長民倒置之説。合之洛書之數五十有五，共百數也。而分陰分陽，則陽數剛五十，陰數亦剛五十，無少偏缺，所謂『大衍之數五十』者如此。」夫合百數而止取五十，取陽乎？抑取陰乎？且天數地數止有此數，今所稱圖、書者各言之耳；以其所各言者而并數之，將所云天數五者，今天數有十；所謂坎一離二者，今有坎二離四，此大亂之道也。夫夫子明數其數，而指實之曰「天數二十有五，地數三十」，而此反曰「天數五十，地數五十」；夫子明曰「凡天地之數五十有五」，而此反曰「天地之數一百」，可乎？陳氏河圖原竊鄭康成「大衍之數」註，故五十五數與夫子所言之數合；若洛書則竊乾鑿度「太乙下九宫」法，其所云四十五數，則自有易以來並無此數。不惟夫子傳中無此，即漢儒田何以後，下至唐儒孔、陸諸徒，言易千家，亦何曾曰天壤間有四十五數之易？而宋後丹竈之家，亂及九筮，六經從此掃地矣。

易無乾一兑二離三震四巽五坎六艮七坤八之數，此陳氏先天畫卦所杜撰者。宋儒回護其説，無所不至。即上經首乾、坤，下經首咸、恒，上下經終坎、離、既、未濟一節，繪圖者以乾一與坤八畫作一層爲上經之首，以兑二與艮七畫作二層爲下經之首，以離三坎六畫作一層爲上下經之終，以爲至精。然而震四與巽五無屬矣。且其以兑、艮爲咸、恒者，謂咸卦兑上艮下也，不知倒易爲恒，則又震上巽下矣。上經卦一層，下經卦二層，未嘗均等，而圖繪儼然，何也？

易卦原無數，其有數者總以大傳卦位爲言，如坎之一乾之六，以坎位正北，乾位西北，與鄭康成所註「大衍之數」「天一生水于北，地六成之」相合，故云。若乾一兑二，何據乎？陳摶作先天圖位，因兩儀四象畫卦而設，故陰陽老少並非四象，而圖以四象爲老陰、老陽、少陰、少陽。因之以乾爲老陽，坤爲老陰，震、坎、艮爲少陽，巽、離、兑爲少陰。若據唐崔憬老少之數，則乾九老陽，震七長陽，坎五中陽，艮三少陽，坤六老陰，巽八長陰，離十中陰，兑二少陰，與乾一兑二離三震四巽五坎六艮七坤八之數全然不合。若以揲蓍之老少言，則乾九老陽，坤六老陰，震、坎、艮皆七少陽，巽、離、兑皆八少陰，其于乾一兑二諸數又不合。然而揲蓍之數，宋人所稔講也；乾九坤六，兩少七八，程朱諸儒皆取用爲説者也。于是巧爲曲全者造作四象八卦位數圖，謂：位從一至四順數，數〔一〕從九至六逆數，乾爲太陽則位一而數九，巽、離、兑爲少陰則位二而數八，震、坎、艮爲少陽則位三而數七，坤爲太陰則位八而數六。其位無五而數無十，正以合之圖書八卦中央無位數之旨，可謂匠心巧妙矣。然以合之先天之數，則乾、兑、離、坎、艮、坤六卦尚可强合，而以震三之數當位二數八之陰，巽五之數當位三數七之陽，則鵠黑烏白矣。六經以聖言爲主，非聖之言雖多方鏝飾，無一而可。若卦位之數，經無明文。但就説卦推之，則震一巽二離三坤四兑五乾六坎七艮八，此斷斷不易者。

卦位無數，蓍莖有數，故易之有數始于揲蓍。然其數則夫子自言之，無容後人增減者。其曰「乾之策二百一十有六」，謂揲蓍法以四莖起揲數，老陽數九，以四乘九，則四

〔一〕「數」字原缺，據西河合集本補。

九三十六爲一陽之數；乾有六陽，則三六一百八十，又六六三十六，合得二百一十六策。又曰「坤之策百四十有四」，謂老陰數六，以四乘六，則四六二十四爲一陰之數；坤有六陰，則二六一百二十，又四六二十四，合得一百四十四策。又曰「凡三百有六十當期之數」，謂乾策二百一十六與坤數一百四十四，共得三百六十，與律曆一期之數相值，故曰「當」，非謂易數必合曆數也。乃又曰「二篇之策萬有一千五百二十」，謂上下二經六十四卦該有三百八十四爻，而陰陽各半，則陽爻一百九十二，每爻三十六，可得六千九百一十二策，陰爻一百九十二，每爻二十四，可得四千六百八策，合之爲一萬一千五百二十。其云「當萬物之數」，以無象可當，則取其盈數約略指之曰「萬物」。其不得再指曆數可驗也。宋人拾得舊儒「凡卦皆反對」一語，以爲屯反爲蒙只是屯卦，需反爲訟只是需卦，于是將六十四卦中可反對者合并之，凡五十六卦竟并作二十八卦，而以乾、坤、坎、離、頤、大過、中孚、小過八卦不反對者通計之，得三十六卦。乃即此三十六卦中計其爻該有二百一十六，于是二百一十六其六十之策，共得一萬二千九百六十策，因繪圖立説，名爲周易六宫圖，而大斷其説曰：「周易全數萬有二千九百六十策，當邵氏皇極經世十二萬九千六百策一元之數。」是夫子之言非矣。且不知其以二百一十六乘六十之數，所謂六十者何數也。夫反對之例創自文王，而夫子于雜卦言之，前儒又言之，原非宋人創説，可不必多方曲求，過作狡獪。若六十四卦則儼然在列周官太卜，三易明云連山、歸藏、周易，「其經卦皆八，其別卦皆六十有四」，而宋人敢曰「周易三十六卦」。周易全策，夫子明明指定之曰「萬有一千五百二十，當萬物之數」，而宋人敢曰「周易全策萬有二千九百六十，當邵氏皇極經世一元之數」。其離經叛道，可謂極矣！羲、文作易，未嘗爲律曆設，其云「當一期之數」，偶然以數適相當，故云觀其後祇曰「萬物」可知。若止作律算，盈萬累億，則一天文生能之，即不然，一會計吏能之，曾何足以難儒者？而愚者輒以加一倍法爲神奇，一似夫子翻有所未解者。故吾謂律吕之學亡于備數，推易亦然，非虚語也。

乾、坤二策，其數正合三百六十，以乾二百一十六，坤一百四十四，合之剛三百六十也。其他屯、蒙、需、訟四卦，則屯、蒙二陽，需、訟四陽，合得六陽；屯、蒙四陰，需、訟二陰，亦合得六陰，正與乾、坤二卦六陽六陰相合，則其數亦自應三百六十，此不須計也。又推之師、比、小畜、履四卦，師、比一陽五陰，小畜、履一陰五陽，又適與乾、坤六陽六陰合，亦適得三百六十之數。遂妄起推測，以爲上下經序卦之例，皆以三百六十數爲度。

自邵氏闡先天圖後，凡南宋言易者争相趨附，乃作上下序卦例圖，于以合于皇極經世運會之數。及推之泰、否、同人、大有四卦，則泰、否三陽三陰，同人、大有五陽一陰，合之得八陽四陰，共四百一十四策，是必退其贏以合之三百六十。謙、豫、隨、蠱四卦，則謙、豫一陽五陰，隨、蠱三陽三陰，合之得四陽八陰，又必增其缺以合之三百六十。則全易萬有一千五百二十之策，原合上下經六十四卦三百八十四爻之數而統成之。既可那移，則雖乾坤倒排，六子混列，彼此那移，何嘗不合？而以之定序卦數例，此欲效狙公狡儈作暮四朝三之術，而又不能矣。宋人竊前儒一説，遂矜爲獨得，即以此反訾前儒，及其既而浸淫無忌，竟篡易聖言而不之過，然倒底紕漏。向使京、焦、施、孟之徒有一于此，則華山授受何處駐足？况邵、蔡後人之璅璅者與？

揚子太玄分大衍之數，以三八爲木，四九爲金，二七爲火，一六爲水，五五爲土，此即鄭氏「大衍」之註所由昉。但鄭氏一六合水，二七合火，三八合木，四九合金，五十合土，一生一成俱全舉其數；而太玄五五生成兼并，在五則有名而欠其實，在十則得實而亡其名。蓋以生數之極即成數之本，故六七八九俱從五數重累之。如五加一則爲六，故六與一合，以六即一也。五加二則爲七，故七與二合，以七即二也。至加三爲八、加四爲九皆然。則五加五爲十，不必言十而十在其中，以五五即十也；亦不必言五而五在其中，以五五爲十，則一五爲五也。故夫子言「大衍之數」，明知爲五十有五，而實指其數，然又闕五數而曰五十，則正以生成全數本末交互處概言之，以合之揲蓍之策已耳。若「太乙下九宫」法，今之冒稱洛書者，謂太乙不再居中宫，而有五無十，則又失大衍數矣。揚子五五正與夫子説有合，而予作仲氏易時仍不用之者，以「五位相得」本文自具，必欲暴白其闕五之故，恐聖言亦無是耳。

虞仲翔以納甲闡五十五數，謂：「甲乾乙坤相得合木，丙艮丁兑相得合火，戊坎己離相得合土，庚震辛巽相得合金，天壬地癸相得合水。」其言天地者，即乾、坤也。蓋十日之數自甲至癸，即自一至十。乾納甲壬，以甲一壬九，皆乾數也；坤納乙癸，以乙二癸十，皆坤數也。自是而震納庚數七，巽納辛數八，坎納戊數五，離納己數六，艮納丙數三，兑納丁數四，于以合于五位相得原數，亦俱彷彿。此本漢儒舊説，而宋人多宗之者。若劉牧竊襲虞、鄭兩家之意，以一六合坎，二七合火，三八合木，四九合金，其爲八純者本之康成，已得四十數，而以中央五十則倣之仲翔天地之數，以爲天九地六合爲十五，共五十五數。則天地乾坤各分位數，與虞氏之祇合卦氣者又有礙矣。天地即乾坤，支干圜轉，位無一定，故數無一名，豈可以大傳所定卦位，而乾坤天地雜見錯出如是者？陳氏之徒務爲新異，而不知其不合如此。

馬季長論大衍數，謂：「太極生兩儀，兩儀生日月，日月生四時，四時生五行，五行生十二月，十二月生二十四氣。太極一，兩儀二，日月又二，于以合于四時、五行、十二月、二十四氣之數，則剛得五十。其用四十九者，以太極不動也。」天數地數合五十五，此夫子自作「大衍之數」之註，而別取日月時氣以實其數，固已非是。且其稱太極爲北辰，本漢儒易緯習説，然而北辰生天地可乎？北辰樞機，轉旋天地，謂之運猶可，謂之生則豈其然？

有以律吕配易者，亦祖馬季長説，謂：「太極配黄鐘，兩儀配陰陽二律，日月配二變，四時配四清聲，五行配五聲，十二月配十二律，二十四氣配二十四調，已剛得五十之數矣。」于是以七聲衍七調爲其用四十有九，以七聲乘十二律爲其别六十有四，以三百六十律爲三百六十策當期之數，其于説非不巧合。然以之言易，于易理無與！以之言樂，于樂聲無與！則何必然矣。算律而律亡，今乃以算律者而移之算易，易焉得不長晦耶！

鄭康成註「天地之數五十有五」，以一二三四五爲五行生數，六七八九十爲五行成數，合五十有五。其所以闕五爲大衍數者，以五行生成兩兩并合，則五行各氣其分有兩，其并即一，故曰「五行各氣并，氣并而減五」是也。朱漢上不解其説，而以氣并爲氣通，謂「十日、十二辰、二十八宿皆有五行之氣通于其間，共五十五數，而去五數爲五十」。此與京房、乾鑿度説俱合，然全非鄭説。强以坐之，不可爲訓。且五行之氣既已通之，何故又去之，亦不可解。

荀慈明謂：「卦八爻六，以六乘八，六八四十八，加之乾坤二用爲五十。其用四十有九者，以潛龍勿用也。」夫乾坤二用宜有十五，劉長民以二用十五加八卦四十共五十五，正此數也。若以用進一，以勿用退一，則師之上六「小人勿用」，蒙之六三「勿用取女」，皆當退一爻矣，豈有此理！

「大衍之數」，夫子但言乾坤之策而不及六子，以揲蓍之法老變少不變，乾老陽，坤老陰，老則當變，故及之。若以二少言，則少陽數七，以四揲相乘則四七二十八，每卦六爻，六其二十八則一百六十八也。少陰數八，以四揲相乘則四八三十二數，每卦六爻，六其三十二則一百九十二也。以一百六十八合之一百九十二，則猶是三百六十日，當期之數，與乾坤無異。故震、巽、坎、離、艮、兑六子雖老少不同，而其爲三百六十策，則八純皆同。故究推其極，則二篇之數：少陽策二十有八，凡一百九十二爻爲五千三百七十六策；少陰三十有二，凡一百九十二爻爲六千一百四十四策，合之亦萬有一千五百二十，當萬物之數，與乾坤二老之策無異，然其數亦止于此。若再推，則又律曆家之事，非易義矣。宋劉牧受陳氏之教，然猶謂「經惟舉乾坤二老三百六十之數」，而不及他卦，疑卦氣直日之説爲非是，况其他乎？

鼎之九二曰：「我仇有疾。」王弼以六五爲九二仇，則以二五本相應。且鼎以大壯之五剛爲二所易，則二爲我匹，其説是也。若虞氏以九四爲二仇，而程傳以初六爲二仇，則雜亂矣。無論五爲二應，且爲二易，二必匹五，而即以「有疾」推之，惟六五居離中，而離伏坎位，坎爲心疾，故有疾。若初、四，則何疾之有？朱漢上引僞子夏傳，以爲二與四爲仇，四以近權，惡我專任，怨耦敵我」，則既襲仲翔舊説，而又以仇爲怨恨，倍失之矣。隋時僞子夏傳以五爲仇，且註曰「君子好仇」，見陸氏釋文。而宋時僞子夏傳則僞之又僞，反以四爲仇，且以「怨耦曰仇」爲解，則正相矛盾。緣後之作僞者不深考舊文，凡唐儒所引者皆不之顧，故並無一合，而漢上引以解經，豈不舛乎！

范諤昌疑彖傳非孔子作，以乾彖傳「大哉乾元」諸語，文言又從而讚之，如「時乘六龍，以御天也；雲行雨施，天下平也」，夫子不應自讚其語。然明夷彖傳直以文王、箕子對衍作象，則謂之文、周舊文不得矣。若謂諸象傳今所稱大象、小象者皆周公作，則更不然。從來一卦總名，原有卦辭，如春秋傳史墨對趙簡子曰「在易卦，雷乘乾曰大壯」類，此即大象也。亦皆有每爻小象辭，如陳文子斷困之大過，引困象辭曰「『困于石』，往不濟也；『據于蒺藜』，所恃傷也；『入于其宫，不見其妻，凶』，无所歸也」類，此即小象也。緣此時孔子大小象辭俱未見于世，而在夫子之先又必先有大小象辭，一如夫子所讚例，故云云。若周公原文，則凡春秋傳卜筮所引，必早及之矣。夫子十翼，其數目雖互有參錯，然其云夫子作，則自漢迄今無異詞者。宋去古甚遠，何足知之。諤昌，陳摶門人。

「艮爲門闕」，故凡言門者必有艮象在其中，惟同人初九「同人于門」，本卦無艮。不知同人從姤來，姤初移二，則初與二皆陰爻，連三爲艮爲門。此推易法也。虞仲翔謂「乾爲門」，此本大傳「乾坤其易之門耶」語。然同人五爻皆乾，而以初同于四爲出門，則于象有未安矣。若乾爲門不補入説卦者，以大傳已有「易之門」語，則不必補耳。他倣此。

論語曾子曰：「君子思不出其位。」往惑于范謂昌説，以爲非夫子作。豈有夫子贊易之語，而曾子可直竊師説爲己説者？既而讀何晏論語集解，知此與上節「子曰：不在其位，不謀其政」連作一章。則子既以在位爲言，而曾子即引子贊易之詞以爲之證。此與「牢曰：子云：吾不試，故藝」正同。但彼有「子云」，而此不加「子曰」者，以此上獨係子言，無太宰、子貢雜説，則不必又加「子曰」以別之也。且或此句係古象詞，而夫子偶襲其句，如文言「元者善之長」類，故曾子亦得引其言爲證，亦未可知，不然，焉知曾子爲此言時，必在夫子贊易後，爲夫子語耶？

易小帖卷四

蠱彖「先甲三日，後甲三日」，馬融謂：「甲在東方，其先三日爲東北之艮，後三日爲東南之巽。」蠱之以艮巽成卦，可謂巧合矣。但以日作卦，以一卦作三日，俱無解處，且于巽五「先庚三日，後庚三日」不能相通。及胡雲峰襲其説謂：「先天圖離在東主甲，由離而震而坤，越三卦而得艮，謂之先三日；由離而兑而乾，越三卦而得巽，謂之後三日。離者，日也。」此襲馬氏説而補救之。然何所謂先天圖？以文王作易而能據陳摶僞造之圖以爲辭，此笑話也。且蠱之爲卦，以艮巽耳。巽上下皆巽，而先兑三位爲坤，後兑三位爲坎，「先庚三日，後庚三日」，其于坤、坎何取焉？至來知德又襲兩家説，以蠱合艮、巽取易原圖爲説，與馬氏同而略顛倒之；以下巽爲先甲，上艮爲後甲，藉以明巽，而于巽之先庚後庚，則又取先天圓圖爲説，謂「艮巽夾兑于西之中」，則錯亂極矣。先天不當與易本圖兩相錯舉，且巽只是巽而主兑，而夾以巽，且復加艮，展轉無理。來易之襲舊儒説，而每多不合有如此。

蘇子瞻傳先甲後甲，先庚後庚，世多稱之，但其説不可解。據云：「先甲三日，子戌申也，爲陽盛陰生之時，治將生亂也。後甲三日，午辰寅也，爲陰盛陽生之時，亂而後治也。所謂終則有始也。」夫以庚甲十幹而忽以子丑十二枝當之，已怪極矣。且陰陽往來，治亂循環，何卦不可云，而獨于蠱彖發之，有何理説？乃其于巽五則又云：「先庚三日，午辰寅也；寅盡于亥，先陰而後陽也。後庚三日，子戌申也；申盡于巳，先亂而治也。所謂无初有終也。」則甲以子戌申爲陰生爲亂，而庚又以子戌申爲後陽爲治；甲以午辰寅爲陽生爲治，而庚又以午辰寅爲先陰爲亂，支離矛盾，吾所不解。

復「出入无疾」，出入有二義。蘇傳：「自坤爲復謂之入，自復爲乾謂之出。」李象先曰：「外陰用事爲出，内陽爲主爲入。」其實出入即往來，出爲往，入爲來，出者自内而外，入者自外而内，本自明了。若晁公武謂：「自剥至復爲入，自復至夬爲出。」則仍是蘇説，但各少一卦耳。

觀卦「觀我生」，「生」字最難解。京房謂：「大臣當觀賢人之性，以貢于王。」直以性字釋生字，猶是近理。若朱楓林竟以「生之謂性」之「生」字當之，則以文王演易而襲戰國告子之言以爲辭，真笑話矣。至虞氏易謂：「生即是民，如憑生、蒼生之生。」雖觀我觀民，于易義未合，然猶顧字義。而王弼以生爲道，程氏以道德行義皆爲生，朱氏則專取行字，而曰「我生者，我之所行」，則不惟易義無涉，試問從來有此字義否乎？

明來知德謂：「觀生，觀陰陽相生之正應也。三之生指上，五之生指二，上之生指三。」則惟二五爲陰陽相應，三上並陰，彼此不應，且相應非相生也。何氏訂詁謂：「一陰姤生二陰遯，二陰遯生三陰否，三陰否生四陰觀。」則觀之四陰乃否所生也，三之觀即觀四也。然六陰遞生，皆自生耳，非必前陰生後陰也。且三觀四，何爲乎？及九五、上九「觀」字，又皆以陽觀陰，謂四陰皆從陽生，則益牽强矣。始知推易之妙，自有至理，豈逐節撰造，比之盲子騎瞎馬，東驀西闖無定在耶？

「履虎尾」，彖曰「柔履剛也」。夫柔履剛則虎尾宜在六三之下，故蘇氏以九二爲虎，六三履之。然于九四之「履虎尾」不通，乃又曰「六三亦虎尾，九四履之」，則是剛履柔矣。唐氏作易義直謂「乾健如虎，兑履其尾」，謂「履剛不是乘剛，是躡其後者。乘以上下言，躡以前後言」。然于九四之「履虎尾」終不得通，因曲爲之説曰：「三之履尾是履彼尾也，四之履尾是我有尾而爲人所履也。」則周章甚矣。殊不知乾兑皆虎，乾兑皆尾，乾兑皆履。其云「柔履剛」者，雖單指六三一爻，而實則履上履下，或踐或躡，統皆有之。

蓋乾兑皆金，皆位西方，而虎爲西方金獸，禮所云「右白虎者，則彼踐此躡，剛柔皆見」，而世不解也。若虞仲翔謂「坤爲虎，艮爲尾，震爲履」，以履與謙變對，謙上坤下艮，因以爲象，則坤爲虎，在九家易雖有之，而以謙釋履，舍烏而説鵠，無是理矣。至程傳一概抹煞，但曰：「雖履虎尾亦得。」此與朱氏解需彖「雖涉大川猶可」同一妙語。夫大聖措詞，必無汎設。若然，則「鶴鳴」、「鴻漸」、「豶豕」、「童牛」皆洵口漫道，可云演易乎？

「鞶帶」，釋文作「大帶」。左傳「鞶厲游纓」註：「鞶，紳帶也。大抵命服先繫革帶，使可懸鞞懸珮，然後加以拖紳之帶，謂之大帶。」此與内則「鞶袠」、春秋「鞶鑑」註作婦飾者不同。特訟卦上九取象「鞶帶」不可解。一謂上與三應，三爲互離之二，如大帶之横于腰而闕其前。一謂三爲離二，與上九乾三相應，離爲牛，乾爲衣爲圜，比之牛爲革帶，而加乾衣鞶帶于其上。一謂離爲股，乾爲衣，加衣于股之上，則帶也。一謂鞶帶家廟之服衣，乾衣而入宗廟，是爲鞶帶。説雖雜出，然舊人以象説易多如此。至王弼以後，則并象俱抹煞耳。

鄭康成以「三褫」爲三拕，晁以道云：「三拕即拖紳之拖，謂拽也。」此似訟勝受服，有矜喜不自持之意，最有意趣。故何玄子謂：「褫亦作解衣。解者，脱也。雪賦云褫珮解紳，並非奪衣之謂。觀孔子不言以訟奪服，而曰以訟受服可驗。」據此，則所云「三褫」者，蓋束而解，解而束，束而又解，如是不一，所謂一日三摩抄，矜喜之極也。

比「終來有他」，「他」字在「建國親侯」之外，舊嘗以要荒外國當之。按，後漢魯恭諫北伐曰：「今邊境無事，外夷重譯至矣，易曰：『有孚盈缶，終來有他。』言甘雨滿我之缶，誠來有他而吉也。」以他爲外國，同此義。

漢郊祀志「杜鄴説王商曰：東隣殺牛，不如西隣之禴祭」，謂禴祭是「禴煮新菜以祭，如蘋藻之類」，則禴與瀹同矣。禮春祭曰「禴」，漢郊祀志皆稱「瀹祭」，可見。

訟彖「剛來而得中」。蜀才曰：「此本遯卦。二進居三，三降居二，是以遯之九三來居訟之二而適得其中。」極是明白。來氏易謂：「需與訟反對之卦。凡反對必有往來，訟之剛來而得中，謂需之五來而爲訟之二也。」案，需、訟二五皆陽爻也，亦皆中爻也。向使需五非陽，而訟二陽則可云剛來；需五非中，而訟二中則可曰得中。今需、訟對觀，以爲剛則俱剛，以爲中則俱中，何往何來？何得何失？訟可曰剛來得中，則需亦可曰剛來得中，是亂矣。來氏偶見漢儒言易與宋稍異，遂多襲漢説，而至于推易一法，則考求未得，遽以倒易法當之，烏知文王三易又各有類乎？

大畜「童牛之牿」。牿，楅也。謂以木楅其角，防其牴觸，周禮封人「職有楅衡」註「楅設于角，衡設于鼻」是也。若尚書費誓曰「牿馬牛」，則牿爲馬牛之圈，另一義矣。乃鄭康成解此有曰：「巽爲木，而外體爲艮，艮爲手，互體爲震，震爲足，以艮手而施巽木于震之足間，是設牿也。」則認牿作梏，已屬可怪，且無端而生巽一木則怪甚。夫卦有巽乎？然且作鄭志則又載冷剛曰：「蒙初六註云：木在足曰桎，在手曰梏。」今大畜六四施梏于足，何也？曰牛無手，故以足言之，則直是説經一大笑話。釋物有定義，以無手而手械可以加足，則萬一有刖者于此曰：我無足，將以屨加手。可乎？

大畜「剛健篤實，輝光日新」作句。此在鄭玄、虞翻、管輅諸説易家皆如此讀。惟王弼以下文「其德」二字屬上作句，則「剛健篤實輝光」，無此句例矣。後見漢禮樂志：「是以海内徧知上德，被服其風，輝光日新。」直用此易文，而以「日新」斷句，始知漢後師儒皆如此讀。王弼誤也。

家人「在中饋」，漢谷永傳作「中餽」。陸氏釋文失引據者，其疏曰：「言婦人不得與事也。」此與楊震傳引疏正同。

鼎卦「覆公餗」，説文以「餗」爲鼎實，而詩維筍及蒲筍本作「鬻」，引易「覆公鬻」爲證，則易亦有作「鬻」字者。陸氏釋文類俱不引及，又一脱誤也。但「鬻」作「鍵」解，陳留謂「鍵爲鬻」，而周禮醢人「糝食」註作「菜餗」，鄭氏以爲「餗者，筍芽八珍之物」。是鬻本餗字，爲筍蔬别名，可作鼎實。其又作「鍵」者，以「鬻」或書「餸」，故訛作「鍵」。觀集韻以「餗」作「餐」，又作「餸」，並不作「鍵」可驗。蓋鍵、餸形誤耳。

屯卦「磐桓」，馬融諸儒俱解作「盤旋不進」之意，與屯義合。宋張載獨曰「磐桓猶言柱石」，而後人遂分引，字註曰：「磐，石也。桓，杙也。」則于屯義既乖反，而且于爾雅釋訓凡連文單文分别義詁之例一概蔑裂。儒者欲釋經，而不意其禍經如此。

姤卦「繫于金柅」，柅爲止輪之木，字書及漢註皆然，惟子夏作鑈，但以「柅」「鑈」通字耳。何氏訂詁不辨主客，因鑈註絡絲籰子，遂謂柅亦是絡絲籰，而反以止輪木爲誤。是認客作主，而可乎？

大衍方位合以大傳之卦位而生卦數，故乾六、坎一、艮八、震三、巽七、離二、坤九、兑四，此自然定數，確不可易。如乾與坤對，乾爲太陽，其數宜九，坤居太陰，其數宜六，似當一如卦爻之以陽爲九，陰爲六，而乃乾反居六，坤反居九，以相對而恰相反。此正陰陽交互、剛柔相錯之至變，而實至當者。其他坎之一以一陽在中也，離之二以一陰在中也。陰以二爲一，二偶數即一陰也。震之三則震以長男而當參天之位，爲陽之始；兑之四則兑以少女而當兩地之位，爲陰之終。以兩合一曰參，以兩合兩曰兩也。至若巽爲長女，而近陽之盡，故七；艮爲少男，而近陰之盡，故八。此皆相對相合，雖依位生數，而自然不易之理在其中焉。若先天卦位則以方圖言之，兑爲太陽，震爲少陰，巽爲少陽，艮爲太陰，已屬不通。而以觀其數，乾一兑九則九不通，離二震八則八無理，巽三坎七則三七難明，艮四坤六則四六何解。至以圓圖言之，則又乾七、兑二、離八、震三、巽四、坎九、艮一、坤六，以乾居少陽，坤居太陰，艮居太陽，兑居少陰，震居少陽，巽居太陰，坎居太陽，離居少陰，其不通倍甚。故韓邦奇曰：「方圓之可怪，如一六老陽，二七少陽，三八少陰，四九太陰，其于六七八九是矣，若一二三四，則何爲哉？」張南士亦曰：「卦位之數即天地生成之數也。生數居四正，成數居四維，相得而各合，其義瞭然。故坎北一，離南二，震東三，兑西四，乾西北六，巽東南七，艮西北八，坤西南九，顛撲不破。」今以乾居正南當七，坤居正北當六，離居正東當八，坎居正西當九，則竟以大衍成數居四正；而以艮居西北當一，兑居東南當二，震居東北當三，巽居西南當四，則又以大衍生數居四維，而卦位之配俱于陰陽奇偶大不相合。此非外氏誣罔所爲而何？

陰陽稱九六，舊俱不得其解。有謂乾體有三畫，坤體有六畫，陽得兼陰，故合三與六而稱九，陰不得兼陽，則但稱其數曰六而已。然此皆一邊之言。陽能兼陰，陰亦能兼陽。倘有人云「陰兼三而成六」，則其語詘矣。有謂九與六皆天地生數，天以一三五三數合之成九，地以二四兩數合之成六，所謂「參天兩地而倚數」是也。然此亦一邊之言。天地有生必有成，有一二三四五必有六七八九十，故曰「五位相得而各有合」，謂生與成合也。今但舉生數爲言，則倘有人曰「吾用成數」，地有六八十三數，天祇七九二數，則參地兩天矣。有謂八衍卦數，七衍蓍數，惟九六不極其衍，故發揮而爲爻，則更是一邊無據之言。古並無有以七衍蓍者，推其意，不過謂蓍用四十有九，適七七之數耳。實則大衍五十，揲蓍亦五十，故五十是正數，所云「四十有九」，猶之分二、揲四、扐一之節目耳，非衍數也。若論衍數，則以四揲九得三十六，以四揲六得二十四，合之爲五十，蓍數非七七矣。惟先仲氏解九六最爲簡易，曰：「卦成于三，三其三則爲九，此參天也；兩其三則爲六，此兩地也。」

陰陽有九六，又有七八，舊亦未解。春秋：「穆姜將往東宮，筮之，得艮之八，史曰：是謂艮之隨。」杜預謂：「艮者，艮下艮上之卦也。」周禮：太卜掌三易，雜用連山、歸藏、周易，謂之三易。連山、歸藏皆以七八爲占，而其説未解。如曰七八即九六，夏、商以陽陰爲七八，猶周以陽陰爲九六，則其曰「艮之陰」不可解。豈艮四陰爻皆占耶？如曰除本卦六爻外，以之卦之初爻爲七，之卦之二爻爲八，則何以無九、十、十一、十二？豈之卦必限于初與二耶？如曰老陽爲九，老陰爲六，少陽爲七，少陰爲八，老變而少不變，夏、商占易皆以不變者爲占，故占七八，則此「遇艮之八」即遇艮之隨，隨止第二爻不變。若國語「遇泰之八」即遇泰之豫，豫則上與五皆不變矣。不止一八矣，然亦曰之八，將之上之八耶？之五之八耶？且有「遇貞屯悔豫」皆八者，不知遇卦之卦，何謂皆八？何謂皆不變？吾不解也。若此者，闕之可也。

乃若九六七八用之揲筮之法，則人各爲説，亦各有是處，而不能盡合。崔憬曰：「説卦云『幽贊于神明而生蓍，參天兩地而倚數』，此大衍之法也。」但其所云：「參天者，謂陽從三始，自三而順數之，而五而七而九，不取于一也；兩地者，謂陰從兩始，自二而逆數之，而十而八而六，不取于四也。惟陽極于九，故九爲老陽；陰極于六，故六爲老陰。九六者，乾坤二卦之策也。」而于是以次推之，則七爲長陽爲震，八爲長陰爲巽，五爲中陽爲坎，十爲中陰爲離，三爲少陽爲艮，二爲少陰爲兑；而長陽數七則七七四十九而爲蓍圓，長陰數八則八八六十四而爲卦方；而一四不用，則合天數地數五十有五而剛用五十。此固大衍之數之可稽者。然以之衍蓍，則止有九、六、七、八而並無五、十、三、二，且止當以九六爲老，七八爲少，而中長分配並無所用。于是一行則又爲説曰：「蓍以少爲陽，以多爲陰。一變之揲非五則九，二三變之揲非四則八。然而遇五與四則爲陽以少也，遇九與八則爲陰以多也。使三變而得一五兩四爲十三數，則三變皆陽，老陽也。老陽十三策，則其餘策以四揲之，適得九个四，是九也。使三變而得一九兩八爲二十五數，則三變皆陰，老陰也。老陰二十五策，則其餘策以四揲之，適得六个四，是六也。使三變而得一五兩八爲二十一數，則兩陰一陽，少陽也。少陽二十一策，則其餘策以四揲之，適得七个四，是七也。使三變而得一八兩五爲十八數，則兩陽一陰，少陰也。少陰十八策，則其餘策以四揲之，適得八个四，是八也。」其于揲筮之法亦云：「至密而終未合者，以七八皆餘數，而非正數也。」且所餘皆四所餘皆偶數，而徒以六七八九乘之，此乘數并非餘數也。乃郭子和則又爲説曰：「乾策二百一十六，以六爻六分之，每一爻得三十六，而又四分之即九也。坤策百四十有四，亦以六爻六分之，每一爻得二十四，而又四分之即六也。」此九六之説也，然而七八無有也。乃又爲説曰：「二篇之策陽爻百九十有二，以三十六乘之，積六千九百十有二；陰爻百九十有二，以二十四乘之，積四千六百八，合之爲萬有一千五百二十。」則二篇之策亦衹有九六，而七八無有。乃即此陽爻百九十有二，以少陽二十八乘之，積五千三百七十六；即此陰爻百九十有二，以少陰三十二乘之，積六千一百四十四，合之亦爲萬有一千五百二十。是衹此二篇之策而九六七八皆有合焉。然而七八積數同于九六，此即暮四朝三之術，猶之九六合十五，七八亦合十五，老少不分，不可訓也。若朱元晦遵陳摶之説，謂兩儀所生四象即老少陰陽，以老陽居東第一位，少陰居東第二位，少陽居西第三位，老陰居西第四位，遂謂「老陽居一則餘九，少陰居二則餘八，少陽居三則餘七，老陰居四則餘六」，以爲至巧，然仍以所餘爲所衍之數，竊崔憬、一行二法，而又自造爲一二三四之位。夫伏羲畫卦未嘗北面，而乃畫從東起，是左手畫也。且少二之女何得先老四之母至，再加一畫而乾一、震二、巽五、坤八，則又與乾坤九六、六子七八之説盡反不合。惟先仲氏曰：「此參天兩地也。畫卦者始于一而成于三，惟乾參天，故三其三而得九，此老陽也，三畫也；惟坤兩地，故兩其三而得六，此老陰也，六畫也。」而于是以一三而兩兩者爲七，爲三男，則震也、坎也、艮也皆七畫也，少陽也。以兩三而一兩者爲八，爲三女，則巽也、離也、兑也皆八畫也，少陰也。是以數而言，皆正數，非餘數也；亦皆揲數，非乘揲之數也。以位而言，則有老少而無長中，較之六子，六位摘去其四者，何等也；有九六七八而無五、十、三、二，較之生成十位，無故而捨六不用，又何等也。此簡易法也。

爻詞亦名繫詞，本文王所作，惟漢儒有云周公作者，以「箕子明夷，王享岐山」似武王時事，故云。然武王作履銘曰：「行必慮正，視履所以正行也。」則「視履」二字，出履卦上九爻詞，是武王以前原有此詞，恐非周公所能作也。若謂韓宣子見易象、春秋而曰「吾乃知周公之德」，以是爲周公演易之證，則春秋豈周公作耶？考乾鑿度云：「垂皇策者羲，卦道演德者文，成命者孔。」通卦驗曰：「蒼牙通靈，昌之成，孔演命，明道經。」史記日者傳：「故伏羲畫卦，文王演爻象三百八十有四。」揚雄曰：「宓犧經八卦，文王附六爻。」唐王績負苓傳亦云：「文王繫爻詞。」如是者不可指數，然總無有云周公作者。

「西南得朋」，陰與陰行，故不如「東北喪朋」之「有慶」。此最易明者。朱氏謂「喪朋之有慶，仍當轉而西南」，則何如直曰「西南得朋，乃終有慶」之爲明快乎？且西南未必有慶也。何玄子引參同契云：「雄不獨處，雌不孤居，以明牝牡，意當相須。假使二女共守，顔色甚姝，蘇秦通言，張儀合媒，推心調諧，合爲夫妻，敝髮腐齒，終不相知。」此正

「西南得朋」、「類行」、無慶之證。朱氏親註參同契，而不知此理，吾不解也。

「朋」字從來作不好字，故曰朋字未正。漢後所謂「朋黨」可驗。况陰聚爲朋，則純乎小人矣。是以西南爲三女之位則名朋，東北爲三男之位即喪朋，此易明也。朱氏祖程氏之説，不以爲卦位而以爲方位，竟曰：「西南是陰方，東北是陽方。」夫以方位論，則東南爲陽，西北爲陰。夫人而知之也，少年教方名便知此義。今一反而以南爲陰，以北爲陽，則夫子説卦曰「聖人南面而聽天下，向明而治」，謂之向陰而治可乎？然程氏猶知喪朋是慶，而朱氏必以得朋爲慶，是反夫子語也。夫子語何可反也？

「夬夬莧陸」，莧，草名；陸者，地之高平者也。荀爽謂：「陸亦是草。」鄭康成謂：「即澤草名商陸者。」惟説文謂：「莧，山羊而細角，形與莵同。」而吴澄襲其説，遂謂：「莧是兑羊，其音同莞。」按，虞仲翔易以莧爲悦，陸爲睦，莧讀如夫子「莞爾而笑」之「莞」，蓋言悦也。今既以附會山羊之故解作兑羊已爲過巧，乃又變其讀音，以爲可别于荀爽山草之名，而不知，又改莧爲悦，而全不覺也。仲氏曰：「雜菜有鼠頭、兔目、狗尾、龜脚、馬舄、蛇牀、烏首、牛脣、鹿舌諸名，即莧一草亦原有馬齒、羊角、狗血種種，則或此莧名羊角，亦未可知。若竟以爲羊，則于陸不屬，且不得有莞音耳。舊註瓜生五月，姤五月卦也，故于姤言瓜。莧生三月，夬三月卦也，故于夬言莧。」此雖過巧，然其釋莧爲草，則亦一證耳。

歸藏易卦名有異字，以坤爲典，以坎爲犖，以震爲釐，而他皆如字。家舊有歸藏鏡，八字皆異。相傳歸藏易本如是，要是後人僞爲之者，今已無是物矣。但八異字下仍有八正字，予註易時亡兒佩韋懸其鏡項間，指其字，無不認者。及能言，婢以骨牌與之弄，教以重六牌曰：此天牌也。曰：非也，此地牌耳，父嘗言坤爲地。指鏡六畫曰：此非坤乎？婢以告予，予曰：「童烏解玄，豈如是耶？」後竟以痘殤，悲哉！按，字書有「釐」、「犖」字，無「典」字。

説文：「需，須也。遇雨不進，止須也。从雨，而聲」則須。須與需本是同義，而需下爲而，則又以須而同聲故也。若徐鉉云：「李陽冰據易『雲上于天』，當从雨天，而以篆文天字有似乎而，因作而。」則又與而聲之説左矣。字書之無準，往往如此。

「用九，見群龍无首，吉」與「上九，亢龍有悔」合作一節，春秋傳蔡墨之對原是如此。後儒不解其義，分作二節，予既已辨之乾卦中矣，但又有説未盡者。予謂乾之夬曰「亢龍有悔」，此固乾上九爻也，即之坤曰「見群龍无首，吉」，亦上九爻，何也？天下無非爻而可云變者，既能變坤，則非上九不可也。或曰：不然。乾之夬則乾上爻變，故曰上九；若之坤，則六爻俱變，何曾止上爻變，而曰此上爻詞也？則予又曰：不然。夫乾之變夬，何曾止上爻變乎？乾初變爲姤，二變爲同人，三變爲履，四變爲小畜，五變爲大有，亦五爻皆變而後變夬，特其變夬時，則已前五爻不必皆變也。但以全乾變上爻而即曰之夬，故曰乾之夬也。若乾之坤，則亦未嘗以上爻變也。但十辟所謂自姤至剥，皆陰消乾之卦，從乾起見，故皆以乾名。如乾初變爲姤，二變爲遯，三變爲否，四變爲觀，五變爲剥，而後六變而至坤，則雖其變坤不止上爻，且是剥之坤非乾之坤，而因乾而變，則皆乾之變。其遇爲乾，而所之爲坤，是非剥之上爻，乾之上爻也。然則之坤亦上九矣。時予註易成，而客仍有疑之者，故復著此。

易小帖卷五

易帖目有十卷，後止存五卷，且卷末多載學人雜問、雜識，今節録數條于後。

仲氏易改繫傳舊本一條始末

「是故易有太極，是生兩儀，兩儀生四象，四象生八卦，八卦定吉凶，吉凶生大業」。

舊傳本

此其中有至理焉。極者，至也，所謂「易其至焉」者也。其在天地以不二之物而生陰生陽生四時，以生萬物。此天地之至理也，乃易亦有之。以羲卦言，太極一畫也。一畫者，理之至也，即陽也，乾也。乃以一生兩，則生坤也，坤象乾，故曰儀。儀者，則也。生坤而陰陽具矣。乃取乾坤各二之以成四象，如二乾爲巽、離、兑，二坤爲震、坎、艮，則兩陰兩陽合之爲四，而于是八卦成焉。三索以一言，四象以二言。珠囊集曰：陽二畫陰二畫即四象也。乃以之推易，則乾坤成列爲太極，陰陽對聚爲兩儀。易止于四爲四象，移易以一卦始，以四卦止。而以之揲蓍則象兩、象四，前文可驗也。故自八卦成而剛柔相推，以之屬辭即以之揲筮，通民志而定大業，皆在于此。「繫辭以明吉凶」，就繫辭言，此就占卦言。然繫辭所以占卦，故兩屬之。

先生嗣君姬潢南昌舟次上先生書

遠宗讀「易有太極，是生兩儀，兩儀生四象，四象生八卦」諸語，不能釋然于心。如陳氏之徒授受圖説，其非經悖聖不必言矣。今傳本以一畫爲太極，加一陰畫爲兩儀，陰陽各二之爲四象，極其精闢。然再四紬繹，猶似與陳氏相傳之説不甚相遠，何則？彼第以虚中夾畫爲太極，一陰一陽爲兩儀，不分二層，亦即以陰陽各二之爲四象，而有老少之名，與我所爲一畫而不虚中，陰陽各二之而不名老少，豈甚遠乎？夫庖犧以一畫始，即當畫至三畫乾也，三畫偶之即坤也。乾坤成而一索、再索、三索，即可成六子之卦，安見當日一必生二，二必生四，四而後生八也？以此轉展未安，不能無疑，乃反覆熟玩繫傳前後文，竊意夫子「太極」、「兩儀」、「四象」之説，當耑爲揲蓍言也。自「大衍之數五十」至「易有聖人之道四焉」者，此也。復重提「天一地二、天三地四、天五地六、天七地八、天九地十」，而申之曰：「夫易何爲者也？夫易開物成務，冒天下之道，如斯而已者也。」夫子于「大衍之數」如此其三致意也。而朱子不解其意，竟移「天一」諸語于「大衍之數」之前，真妄甚矣。大衍之數，蓍數也。揲蓍在八卦既畫之後，非八卦未畫之前也，是故易得而有之。蓋大衍之數總而聚之，陰陽奇偶渾然未判，謂之太極。太者，大也。極者，中也。喜怒哀樂之未發謂之中，中也者，天下之大本也。陰陽奇偶之未判而謂之太極，亦猶是也。及「分而爲二以象兩」，是生兩儀也。「揲之以四以象四時」，是生四象也。乃「再扐而後掛」，以至「十有八變而成卦」，是生八卦也。雖「掛一象三」「三」字未嘗再及，然玩下文「易有四象，所以示也」，即繼之以「繫詞告」、「吉凶定」，亦不言太極，亦不言兩儀，此不必泥也。且使四象在八卦未畫之前，則四象惟伏羲畫卦時有之，何以云「所以示」，而「繫辭以告」，「吉凶以定」也？「繫辭以告」，「吉凶以定」，則在占筮之時也，則四象者即是「揲之以四以象四時」，無疑也。而太極之爲大衍未分，兩儀之爲分之以二以象兩，無疑也。且夫生之云者，「生生之謂易」也。「生變化」，「生吉凶」，「生情僞」，「生利害」，「參贊于神明而生蓍」，生蓍非謂生蓍澤中，亦即因占筮而生。「發揮于剛柔而生爻」，皆是也。故一則曰「易有」，再則曰「易有」，言皆易之所有，而揲蓍時則生之者也，非推原作易之始也。乃若作易之始，夫子言之矣。「河出圖，洛出書，聖人則之。」是圖書者，聖人之所則以作八卦者也。又曰：「庖犧氏之王天下也，仰以觀于天文，俯以察于地理，觀鳥獸之文與地之宜，近取諸身，遠取諸物，于是始作八卦。」即聖人則之之説也。此則言作易之始也。曰「作卦」，所以别乎「生卦」也。故曰「太極」、「兩儀」、「四象」之説，當耑爲卜筮言也。卜筮之道，「聖人成能，百姓與能」，故言「聖人洗心藏密」，「聖人齋戒以神明其德」。推而至于「利用出入，民咸用之之謂神」，直接「是故易有太極」云云。又推言「法象」「變化」之大，而總以爲「莫大于蓍龜」，又推言聖人法天地、圖書，以爲作卦之本，而結之曰「易有四象所以示也，繫辭焉所以告也，定之以吉凶所以斷也」。夫子之意本是深切著明，而後人何用紛紛其説乎？觀崔憬以揲一蓍爲太極，又或以四十九數合而未分時爲太極，則古人相承原有耑指卜筮言者，而其後言人人殊，遂失之矣。然本文前後脈絡貫串，自無他指，只順文解經便可了然。故敢附呈管見，稟問可否。冒昧死罪。先生得書，遂立改前本。

改傳本

此爲揲筮三致意也。夫祗一揲筮而本乾坤，而全民用至於如是。是故未揲之先，合五十之數聚而不分，有大中之道焉。説文：「極，中也。屋極謂之中，言不分于一隅也。」崔憬云「捨一蓍爲太極」是也。而于是「分之爲二以象兩」，則是「太極生兩儀」也，李氏易解云「祇四十九數而未分爲太極，分之爲陰陽」是也。而于是「揲之以四以象四時」，則是「兩儀生四象」也，虞翻謂「四象即四時」是也。而于是一扐、再扐、再變、三變而八卦成焉，則是「四象生八卦」也，荀爽云「四時通變，爲八卦之所由始」是也。夫如是，而所生止八卦已哉！吉凶定則大業即于是生，而况其他矣。所謂「生生之謂易」如是矣。其不及「掛一象三」、「歸餘象閏」者，略言之也，猶後文祇言象四時耳。餘詳本傳。予初釋此節，凡兩换稿，已略有成説。忽兒子遠宗從南昌舟中寄書，謂「終狃習見，恐是申言揲筮之意」。反覆舉似，予幡然從之。然此亦秘旨，不謂其遽見到此。

李恕谷初授易舊傳本，從桐鄉署寄先生札子

塨啓：塨讀先生易傳，已廓然大闢一天地矣。第繫傳一條尚有請者。「易有太極」節，先儒舊説原不解，以兩儀爲天地，則八卦之乾坤即天地也。豈天地生天地乎？繫辭曰「天地設位而易行乎其中」，是易者從乾坤六子而名之者也，所謂「有天地然後有易也」。今乃言易有太極以生天地，豈有易然後有天地乎？先生直以太極爲乾，兩儀爲乾坤合一，而後從兩乾兩坤分四象以生八卦，其首末一串相生無礙，真度越前儒遠矣。今塨細讀易傳，至先生解「夫易何爲」句，謂「是闡大衍五十之數」，恍然有省。因生一妄

解，敢請教正：「太極」者，大衍之捨一不用者也。崔憬有此説。「兩儀」者，「分而爲二以象兩」也。「四象」者，「揲之以四以象四時」也。「八卦」則四揲「十有八變而成」之者也。言易大衍之數遞生以成八卦，而吉凶以定，趨吉避凶，而大業以生，仍闡明揲蓍之故也。其不言「掛一」、「歸奇」者，即在兩四之内也。觀前有「興神物以前民用」，後有「定吉凶莫大乎蓍龜」，及「易有四象」，「定之以吉凶」諸語，似申言「大衍之數」，以爲揲蓍致意者。惟先生教之。

先生答札子

昨來所訊，病中不能閲，并不能一一裁復。越二日，家姪文輝檢及，舉易繫一節，謂此經改過，何緣又訊？豈前所付易是舊未改時本耶？僕見大驚，且仰天呼曰：「天復生是人耶，噫乎！吾學從此興矣！」當某註易成時，已齋宿告先仲兄主前，將付梓人，而獨于此節凡兩换稿，而終不自愜，然已見樣本矣。既而兒子從南昌寓家人信，以爲此節似申言揲筮之意，因幡然改之。今足下又見及此，何其相契之深若是也！豈非羲、文三聖嘿有以啓之也耶？足下觀書如觀流水，寓目即駛，而又灼灼若觀火，此非輓近學儒所可到者。論語曰：「德不孤，必有隣。」吾既得隣，古學豈孤乎？勉矣！改易二葉并發，惟查核不具。

李恕谷問易

問：先生辨錢生五行之説，有云易象配五行無理，又嘗別論易卦配五行無理，何以言之？

答：某謂易配五行不合者，以卦義言，則離爲火，坎爲水，巽爲木，似矣；然而震不爲木，兑不爲金，即乾之爲金，不過與爲玉並言，非五行之金也。若坤則又不爲土而爲地，艮則又不爲土而爲山，則其于五者不詳不備，不合一也。以卦位言，則震木，兑金，離火，坎水，似矣；然而坤不是火，艮不是水，有四正而無四維，即曰坤、艮是土，正合五行，然何以水火各一卦，而金木與土則各有複卦？且何以中央之土反無卦位？二不合也。以卦數言，則天一爲坎，地二爲離，天三爲震，地四爲兑，而乾、巽、艮、坤則又以六七八九就天地而分屬之，似矣；然而土爲五十，反爲卦數所不取。夫三五至精，五行之數，全在正五。今卦有合五而無正五，如金水爲一五，木火爲一五，皆可兩合，而土之正五，卦反不及，三不合也。况僕作是説，亦自有爲言之，謂太極圖説專論五行，且欲以五行生八卦，則世無此理，故言之頗斷。至于五行八卦本不相礙，且亦彼此有根據處。至京、焦之易，則直以五行爲主，而撇卦辭、卦義、卦象于不問。此雖非三聖之易，然其不相礙而可相通，固有然也。

問：康成天地生成五行之説，思之未解。易乾「大生」，坤「廣生」，皆生也，而成在其中，觀坤曰「資生」，又曰「成物」，可見也。今天地各分生成，不解一。易曰「乾知大始，坤作成物」，則或可言天生而地成，乃各或生或成，不解二。天三生而二成，地三成而二生，不解三。水木土何以當生于天而成于地？火金何以當生于地而成于天？不解四。土之生似當先于金，而反居五，且五行之配一二三四五，何居？不解五。求先生教之。

答：天地俱有生成萬物之理，雖言生而成在其中。然而有生必有成，成亦生也。如人物之生，皆不能以生該成。人不生于衣食，然無衣食則不生，故又曰：衣食者，人之生也。物可無衣矣，然無食則不生。植物可無衣，并無食矣，然無氣之寒燠如衣，雨露之滋養如食，則又不生。是物之成者，亦即其生之者也。是以天地可各分生成，有從陰生者，有從陽生者，黄鳥鳴春，蟋蟀吟秋，菱蒂結于夜，槿花落于晝，凡物皆然。其從陰陽生者，亦即以陰陽成之。故以易「大生」、「廣生」言之，則天地皆生；以中庸「悠久」、「成物」言之，則天地皆成。若夫天三生而地三成，則究竟天主生而地主成，其主客多寡之數原自有别，猶之陽主生而陰主殺，雖陽有時殺，陰有時生，而其爲主客多寡不可沫也。如謂水木土何以生于天，火金何以生于地，則其中有至理焉。天之生水，陽生陰也。故水居陰方而抱陽質，以北方之卦而爲中男，後儒所謂「水外陰而中陽」者是也。地之生火，陰生陽也。故火居陽方而抱陰質，以南方之卦而爲中女，後儒所謂「火外陽而中陰」者是也。天之生木，陽生陽也。木陽位陽質，以東方長男而生陽火，無非陽也。地之生金，陰生陰也。金陰位陰質，以西方少女而生陰水，無非陰也。至于土，本地也。然不謂之地而謂之土，惟其本地，則地不得生而天生之；惟不謂之地而謂之土，則不生于地而得成于地，此固合陰陽之氣以爲質者。天數地數皆全彙于中而共爲生成，其在四行之後者以生成大數得此而全，非謂生成遞行，以此爲殿。蓋火不必後于水，木亦不必後于火，生成有先後，五行無早晚也。至謂水火木金土何以必配一二三四五，則洪範曰「一曰水」，水數一也。乃易以坎爲水，以北方之卦當之，而曰「天一生水于北」，是五位相得，所云「天一」者，正天地生水之數也，水必一也。洪範曰「二曰火」，火數二也。乃易以離爲火，以南方之卦當之，而曰「地二生火于南」，是五位相得，所云「地二」者，正天地生火之數也，火必二也。至于「三曰木」，而易以東方之震當之，曰「天三生木于東」；「四曰金」，而易以西方之兑當之，曰「地四生金于西」；「五曰土」，而易以中央之土當之，曰「天五生土于中」，是五位相得，所云「天三」、「地四」、「天五」者，皆天地生木、金、土之數，而木之必三，金之必四，土之必五，原本自然，非有强也。顧人第知一二三四五之可疑，而不知六七八九十之更當審也。洪範有生數而無成數，故有一二三四五而無六七八九十，且有天地生五行之數，而無五行相生之數，故但有五位之相得，而無五位之相合。夫一二三四五，此五位也，此相得者也。而一合五而成六，二合五而成七，三合五而成八，四合五而成九，五合五而成十，則相合也。以五生五即以五合五，所謂成也。乃即此成五而生在其中，何也？一之生水，天之生水也，有六之成水而金之生水見焉。何也？六，金數也，西北之數也。水以金成，然即以金生也。二之生火，地之生火也，有七之成火而木之生火見焉。何也？七，木數也，東南之數也。火以木成，然即以木生也。至于三之生木，天生木也。木非水不生，而艮八居東北，以水合土而生木于東，謂之水生木。四之生金，地生金也。金非土不生，而坤九居西南，以火合土而生金于西，火無土則尅金矣。謂之土生金。至五之生土，則有十以成之，而木三與火二爲五，金四與水一爲五，而合之而總成爲十。是五行之生，洪範有之；五行合生成而即兼相生之數，惟「大衍」有之。大衍與五行原相爲表裏，而文王六十四卦中從無五行，夫子「易有太極」章亦無五行，故曰易卦無五行。太極配五行無理，並非曰易無五行也。

盛縱陽問易

問：漢五行志謂：蠱卦「幹父之蠱，有子，考无咎」，謂其父有過，爲子者必當見而改之，否則，私其父，厥妖爲人死復生。是以哀帝建平中山陽女子田無嗇生子不舉，葬之陌上，及三日，兒啼而生。平帝時朔方女子趙春死斂棺，積六日而出于棺外。太守以聞，當時引京氏易傳，以爲後人不能改前人之非，故有此也。夫「幹父之蠱」，則不死其父者也。子不死父，則父雖死而猶生，故兆爲死者復生。今反曰不幹父蠱，惡其生而謂之妖，得毋與易義相乖反與？

答：人不能解易，苟以爲能幹父蠱，即不問父與考、死與生，文義詞義一概蒙溷，但曰有子而已，殊不知父與考不同，父者生父，考者死父也。既名考，則爾時父死可知也。然仍稱父，則蠱尚未幹，父此時又不可以死也。故必也有子幹之，而後可曰此考矣，今而後其可死矣。是幹蠱之子，願考父不願父父也。父父則死而復生矣。此其義推易有之。蠱從泰來，以泰初三乾之陽，推而爲蠱初下巽之陰，乾爲父，是亡父也。又蠱從損來，以損初互坤之兑，推而爲互震倒兑之陰，坤爲死，今无坤則不死也。然而震爲生，將欲生，而又爲倒兑以毁折之，是生仍不生也。蓋卦義爻位原有死而復生之象，而幹之有子則概反之，是妖非兆，是考非父，是幹非不幹，演辭占筮兩俱妙合，向非推易，其能發京易之祕有如是乎？

問：隋梁四公記：梁天監中，蜀闖四公謁武帝，帝命沈約作覆令射，時太史適獲一鼠，緘匣以獻帝，筮之，遇蹇䷦之噬嗑䷔。群臣占射無中者，惟帝謂：「上坎下艮，坎爲盗而艮爲石，則似有盗物不得，而反見拘者，此必鼠也。噬嗑六爻無大咎，而終曰『荷校滅耳』，又似以噬齧獲戾，必死鼠也。」而闖公之占則曰：「處暗而適離舍，艮止而之震動，是必幽隱之物不當晝見，失本性而受拘縶者，其爲鼠固也。」然而又曰：「坎雖爲盗，而又爲隱伏，盗能隱伏猶未死也，惟從坎變離，離者南方之卦，日中則昃，日斂必死矣。且必有四鼠金盛之月，金數四，此必四矣。」及發而止一生鼠，帝與闖公皆失色。逮晚鼠死，剖之則懷妊三焉。此種璅屑，似兩晉已後管輅、郭璞諸筮法，不知與推易之法、春秋太史諸占筮同異若何？且蹇與噬嗑正互順逆，並無兑象，而曰金盛，曰數四，某未解焉。

此即推易法，與春秋太史占筮並無不合，特其説有未當者。既曰坎艮，則不俟推測而即知爲鼠，何則？夫子明曰坎爲豕，艮爲狗，爲鼠，則未有狗豕而可入匣者，此不必以隱盜顯拘從卦象求也。況既變噬嗑，則更與黔喙之屬有明證者乎？第鼠必不死，梁武與闖公各有誤者，舍蹇而之噬嗑，則蹇足雖不行，而噬口尚能嚙，不死也；去坎陷艮止而就燥與動，則燥出瀆閎，動可决行，又不死也。且艮爲鬼冥門，死象也。今乃變而爲震之反生，夫反生非生乎？又不死也。然且鼠者艮也。今改艮鼠而爲震，則鼠亡矣。若亡鼠宜死，乃觀其同功，而自二至四嵬然一艮，高出于離震之間，未亡也，又不死也。若云「荷校滅耳」，則坎爲耳，坎受滅，艮不受滅；云「日中則昃」，則蹇有互離，噬嗑有小離大離，三日遞出，並未嘗昃，況他物畏日昃，鼠不畏日昃也。至云「逮晚鼠死」，則在射後矣。射者當前之是射，與後何涉？此必當時傅會帝與公者，故爲是言以飾之，而不知其無是理也。至若「金盛」、「數四」之説，則更屬大謬。春秋太史並無有以時氣占易者，自臨之八月，復之七日，偶及月日，而漢後易家遂有十二辟卦及緯書六日七分、卦氣直日之説，然總非古法。且于諸事並未一驗，故一概屏去。今即以其言按之，覺有大荒唐者。據焦氏卦氣直日則蹇爲立秋七月之卦，然兑初用事並非金盛月也，若噬嗑則已在夏四月中矣。至京房卦氣直日，則蹇在大雪十二月中，噬嗑在立冬十月節，並無秋金，與唐書律曆志所載並同。而後儒作循環變通諸法，則更以噬嗑爲木道，蹇困爲火行，金且無有，何有于四？如以卦言，則蹇與噬嗑並無一兑，兑四之數于何見之？子所言固不謬耳。

問：艮之爲鼠，夫子之言也。然夫子于離亦言爲蠃、爲蚌、爲龜、爲蟹、爲鼈，今噬嗑有離，何以不曰此龜、蠃屬乎？

答：善哉！問也。但占物之法以遇卦爲主，遇卦有物則不必更占之卦，龜與蠃究之卦物也。然物可兼占，惜當時君臣見不及此，無有以龜、鼠作兼占者。既占爲鼠，即當云坎爲水爲濕，而艮爲山爲門闕，是必有水中之物去隱濕而登艮山，可以藏諸室，獻諸闕者，得非龜乎？況之卦之離顯有龜名，則此中是龜亦容有之。特吾謂必是鼠不是龜者，坎爲盗，龜不盗也；噬嗑能齧物，龜不齧物也；震爲動爲躁決，龜能動不能躁決也，則鼠長耳。使春秋太史而占物，當必如此。

李恕谷論仲氏易

李塨曰：「八卦相錯」即承上「定位」、「通氣」、「相薄」、「不相射」而言，正剛柔相推之法也。詩傳曰：「東南爲交，邪行爲錯。」中庸曰：「如四時之錯行。」大傳曰：「寒暑相推而歲成焉。」則錯即推也。先生解「錯綜其數」曰：「乘除往復是也。」「數往者順，知來者逆」，即先生言推易所謂「訟本遯推，三來二往」，諸言往來者也。蓋從内向外曰往曰順，從外向内曰來曰逆，順而數内之所出，即逆而知外之所入。大傳曰「神以知來，智以藏往」，「彰往而察來」，「往來不窮謂之通」，皆指此也。

又曰：有來必先有往，而易彖象言來者多于往，故曰「往者屈也，來者信也。尺蠖之屈，以求信也」，正所謂「易逆數也」。不特此也，即聚卦無往來，而泰曰「小往大來」，復曰「七日來復」，是亦數往知來也。復主來復。泰卦爲正月主三陽，否卦爲七月主三陰，亦逆數也。又不特此也，易爲卜筮，重知來物，數已往之卦而逆知將來之事，故曰「極數知來之謂占」，亦逆數也。

又曰：子張問「十世」，欲知來也。夫子舉夏、殷、周相因之禮，是數往也。然而「百世可知」，是順以數往，而即能逆以知來，亦逆數也。

又曰：「參天兩地而倚數」以上文，讀之謂蓍依之以立數也。筮法老陽數九，九，乾天也；老陰數六，六，坤地也。三奇爲老陽，三三奇而九，是參天也；三偶爲老陰，兩三偶而六，是兩地也。言周易之占九六也。占法用九六七八者，先生河洛原舛編解「五位相得而各有合」曰：「衍數以五爲主，一合五爲六，二合五爲七，三合五爲八，四合五爲九。」故用九六七八也。不用十者，再五爲十，即五也。且衍法有一除一不用。二分而爲二。三掛一象三。四揲之以四。而成卦用九六七八，總爲大衍之數五十，而天地之數備矣。若老變而少不變，以陽九爲老、陰六爲老者，蓋以陽主上進，九六七八則九無可進，故曰老陽。昔人云：「退變而爲八。」陰主下退，九六七八則六無可退，故曰老陰。昔人曰：「進變而爲七。」

又曰：「用九」、「用六」、「用四十有九」，三「用」字同，故朱子以用九六爲筮言，蓋易原爲卜筮作也。至朱子言爻變，尚有只占本卦者，則非易之占法矣。聞韓苑洛曾辨之，今觀先生言益信。

又曰：「大衍之數五十」者，以天數五、地數五也。一五五也，二五十也。

盛樅陽與人論仲氏易

盛唐曰：周易有三易，序易用轉易，分經用對易。其對易取六子化體，如咸恒、既未濟爲首尾卦，以上四對下八，而兩篇五十二卦陰陽各對，無有畸零，固已發前聖所未發矣。然其功莫大于推易。嘗細細領會，詳究始末，輒如接文、孔謦欬于在前，始而憬然，又既而爽然，又既則愉快愧悔不可名狀。蓋漢、魏以還，學者失師承久矣。自八比行世，率泥于功令，間有異義，如馬、鄭、荀、虞諸説，輒變色摇手，充塞兩耳，比聞父母之過尤甚。縱有闡精微以紹三聖，如推易法，而皆睥睨不一顧。向時朱駁程傳，以爲只説得一理，于本義不相合，然其作本義則又不推原始，不詳比例，不觀參互轉側，不善觸類引伸，是仍一呺然廓落之理而已。即間及往來上下，或只据單卦，如十辟之一，而不知其他，或泛引別卦，如需、訟非類聚，既、未本群分而來而多雜。至若順文説理，罔諦前後，「剛柔得中」鑿稱五二，「陽奇陰偶」即名當位，「豕負塗」曰見汚，「車載鬼」曰無有，「失前禽」曰開一面，「田獲狐」曰去媚邪，由不曉「居方」、「辨物」、「類聚」、「群分」之秘，而斤斤説理，理那得該。履五何爲夬？同人何爲遇？自道何自頤？豫何由謙？大畜無坎體而何川利涉？困三上皆陰爻而何妻不見？厥宗何宗？涣群何群？月何而望？日何而昃？雨何而虧？雲何而密？何一握爲笑而謬誤一班？何革言三就而渾沌已審？果十分之格乎？曳翻之看乎？小時蒙師授易講義，寓目即能通曉，如看論語、孟子不異，凡六十四卦三百八十四爻盡得臚而數之曰：某卦何云，某爻何云。及于揲筮所得，不過如神廟籤詩，吉凶早定，確不可移，所謂「屢遷」、「變動」者安在？雖若春秋史傳發繇布辭，洞如觀火，曠如發矇者，鮮不目爲誕漫不經，爲緣飾附會。是周易不亡於後世而亡於人心，不亡於人心而亡於謬説流傳、正義晦蔑。夫易道難窮，聖人「韋編三絶」，尚蘄「假年」，末學小子、干禄鄙夫談何容易。曩者侍坐艾堂吾師，曾舉坤、屯二卦而説其大義，怵然于心。既讀仲氏易，反覆研尋，累日不能了數卷，自恨根鈍智昏，不得與聞斯道已。再發憤苦力研索，遂稍稍達其條理，一日至讀得十數卷。大哉推易！由聚而分，因移而辨，屢易而終不易。凡焦贛、康成、范賢、侯果、虞翻知之不盡者，悉演之，而繫之「神明」、「默成」。蓋三聖在天，百世以俟，非偶然也。或曰：推移變化，抑又何常東家之東即西家之西？非株兔筌魚，則邊獐邊鹿耳。是不知「率辭」而「揆方」者也。夫東西無定，立則有定；獐鹿鶻突，左右可鶻突耶？泉從石冷，風自花香，銅山遥崩，洛鐘近應。公父文伯薄長者而厚婦人，母言之賢而婦言之妬；宋富人牆壞有盗，其子見智而鄰父見疑。試觀推易屬詞，有一句一字無著落者耶？有理障義閡，不具神解者耶？或曰：君子引而不發，若兹之推一卦而受數卦之來，一爻而具數子之象，而且卦背有錯、有伏，有坎、離正位，六畫有互、有倒、有大象，首尾有環，上下往來以經之，廣陳卦象以緯之，語不傷盡乎哉！不知聖人嘗云爾矣。「書不盡言，言不盡意」。「生生之謂易」。「往來不窮謂之通」。「二篇之策萬有一千五百二十，當萬物之數」。則吾師推易，「象其物宜」，「觀其會通」，摩之盪之，擬之議之，猶引端焉耳。昔元仁宗朝限程傳、本義取士，而盡去漢易，猶有曰：「我治漢易，不過不得科第耳。」況三易之旨發自文、孔，而茫然不曉，則大經淪没，終古聾瞶，將虛生浪死，不止不取科第矣。至若王輔嗣獨標清議，世競宗之，浸淫流潰，范甯謂「弼罪浮桀、紂」。夫弼尚罪浮桀、紂，況宗弼者耶？然則吾師之功何如乎？讀者思之。

春秋占筮書

春秋占筮書卷一

周易，筮書也。周官卜〔一〕人以八頌占卜詞，即以八卦占筮詞，因之別設筮人掌三易，以辨九筮，使占人占易皆有成法，而惜乎其書不傳，惟春秋諸傳間存兩詞。其在卜詞，如陳敬仲奔齊，傳所云「鳳皇于飛，和鳴鏘鏘」是也。而在筮辭，則如陳敬仲初生，傳所云「觀國之光，光遠而自他有耀」是也。今燋契不作，華氏之卜辭可無問矣。獨是筮關周易，其辭象變占，實出羲、文、孔子三聖所授受。故每著筮辭，輒屈折幻眇，隨其事之端末而言之，明明指之鑿鑿，凡一十二公二百四十年間所載，其詞具在，而並無解者。雖杜氏有註，孔氏有疏，義總未明了。即或焦贛、京房、虞氏、荀氏輩，偶一論及，亦且彼此卜度而不得領要，以致王弼邪説横行于世。而宋人和之，且謂春秋筮辭統屬附會，一似事後言狀增損之，以欺後世者。不惟占筮亡，即周易亦亡。夫象辭、卜辭，猶筮辭也。

〔一〕「卜」，西河合集作「占」。

「聖人設卦觀象以繫詞」，猶之「剛柔相推，八卦相盪」以玩占也。易以象爲辭，而今反舍象而斷辭。易繫詞以明占，而今反舍占而專求此卦詞之字句。是詞象變占不當並設，而究其所爲字句者，又仍無一解。何爲「涉川」，何爲「即麓」，何爲「戰龍」而「乘馬」，即離日坎月，乾金震竹，牛羊甲兵，井繘床膚，凡易之觀象而繫詞者，全然大貿。而乃謂兩傳多事，即周官三易亦難以考據。將韓宣子來聘所稱「易象、春秋，周禮在魯」者，三書一併亡矣。予作仲氏易，就五易以衍三易，曰變易，曰交易，曰反易，曰對易，曰移易。且作推易始末，立十筮以括九筮，曰名，曰義，曰象，曰方位，曰次第順逆，曰大小體，曰互體，曰時日氣，曰數目，曰乘承敵應。及書成而易義明，即占易之法亦與之俱明。覺向時讀諸傳而茫然者，而今豁然；向之繹其辭、覈其事以爲必不能有是而悶然者，而今則實見。其有是而㥶然快然。此非三古以來數千年不傳之秘，至今日而始發之乎！當説易時，亦稍存其説于卷中，而觀者以爲簡約多未備，且雜附難考，因專輯此書，名曰春秋卜筮〔一〕，以倖存周官筮人之一綫焉。

〔一〕「卜筮」，西河合集作「占筮」。

春秋内傳

莊二十二年傳

陳厲公生敬仲。其少也，周史有以周易見陳侯者。周史，周太史掌書善易筮者。

陳敬仲即陳公子完也。是年陳宣公殺太子御寇，而敬仲慮禍及，奔齊，齊侯使爲卿。其後子孫田氏竟代齊有國。因追遡前事，而述少時周史占筮之辭，以爲後驗。

陳侯使筮之，遇觀坤下巽上。䷓之否坤下乾上。䷋。

所遇是觀卦，以四爻動當變，故以六四變九四，以巽變乾，謂之之。之者，往也。後倣此。

此是兼卦。凡筮有專卦、兼卦，總合卦中所有名、位、體、象、往來順逆諸法而備推之。無專卦，占總象。兼卦占變爻所遇所之。但占遇而不占之之説，與宋人易學啓蒙占法大别。惟隋劉炫謂兼卦亦祇占遇卦，而不占之。以哀九年晉侯筮救鄭，陽貨祇占所遇歸妹一卦爲證。然亦非是，説見後。

曰：是謂觀國之光，利用賓于王。此觀卦四爻辭。此其代陳有國乎！不在此，其在異國乎！非此其身，在其子孫。

自此至「其昌乎」，皆史之筮辭。是謂二句是象辭。先明述象詞，隨下數斷語，然後次第發明之。大抵作筮詞法，或散或韻，總任揲筮者臨占撰造之語，非舊有成文如是也。焦贛見他傳有全用韻者，疑爲成文，因造易林一書，預爲韻詞，一如神祠之筊經以待人來占，則可笑甚矣。若郭璞亦自造龜卜繇辭，名曰辭林，則皆其自記已卜之事，與筮辭同。

夫巽坤何以名觀也？巽坤者，兼畫之艮即大艮也。如臨爲大震☳類。說卦艮爲門闕，即闕門，又名觀門，傳所謂兩觀者也。特朝有觀，廟亦有觀，舊以艮爲鬼門，指宗廟言。而其解則祇以觀闕懸象備觀看之義，故諸爻皆觀上觀下，各有所觀。而惟此一爻則正值大艮闕門，與三五同功。互艮闕門之內，每卦以三至五、二至四爲互卦，名爲同功。恰是觀象。觀象者，觀光也。筮法卦有方位，方者離南坎北之類；位者六爻之位，如一二三爲陽陰陽，爲離位，四五六爲陰陽陰，爲坎位。此定位也。然位上加爻，錯雜難辨，惟純陰純陽則見之。故坤爲純陰，內卦有離，離爲日，爲火，見說卦。爲光。

見虞氏易。坤象所云「地道光」，文言所云「含萬物而化光」者，雖離光即坤光也。今觀下有坤，坤爲國，見虞氏易。又名國光，其觀國光而至者。書云「覲光」，詩云「休有烈光」，皆有國之人，大抵不越諸侯來朝、諸侯助祭及諸侯貢士于王三等，而總稱曰賓。其在來朝稱大賓客，在貢士稱賓興，而在助祭則稱王賓，稱助祭之賓皆賓也。而陳備三恪，適是賓國。此非代陳有國乎！完雖公子，或當嗣君，而無如其變爲否也。既變否，則似不在陳，而在他國。且不在其身，而在其子孫，其故何也？

光遠而自他有耀者也。坤，土也。巽，風也。乾，天也。風爲天于土上，山也。有山之材，而照之以天光，於是乎居土上。

則以光者遠而不近，光在此而耀在彼，非可以國光限者。夫坤之爲土，巽之爲風，乾之爲天，皆見説卦。夫人而知之也。特巽上坤下，有風土而獨無天。今以巽之六四變乾之九四，是觀外之風變而爲否外之天。天下濟而地上承，當必有山居其間，而二四互艮，公然山也。二四同功爲互艮。然且艮從巽變，巽爲山木，説卦。有山之材而照之以乾之大赤，説卦乾爲大赤。三陽輝輝，尚猶是國光也乎！夫國光，坤光耳。此爲天光，以天光而加國上，光雖遠，而國已殊也。此自他者也，異國也。

于王。

故曰：觀國之光，利用賓于王。庭實旅百，奉之以玉帛，天地之美具焉。故曰：利用賓于王。

故賓王有說，諸侯來賓，必各具享禮陳百物以實于庭，所謂庭實而旅百是也。顧物豈易具，毋論四享、三享。陳物不一，乃即以玉帛觀之，乾爲金玉，坤爲布帛。皆説卦。向使觀未變否，則有坤無乾，有地無天，有布帛而無金玉。而今則地之物既美且備，此其賓王爲何如者，故曰利也。

猶有觀焉，故曰其在後乎！

然而未逮也。夫否之二四而成互艮也，山也，實觀也。前既爲觀，則朝廟之外，豈當更復有觀者？乃猶有觀焉。高踞艮剛第，俯觀門闕，而身不得入觀象之內，則後此者矣，非其身矣。

風行而著于土，故曰其在異國乎！若在異國，必姜姓也。姜，太嶽之後也。山嶽則配天，物莫能兩大。陳衰，此其昌乎！

如此則既不在陳，又不在身。象固如是，然而其國安在？夫風行而著于土，任所至而託足焉。其爲異國，固然也。顧何異國也？吾以觀否合占之，觀以大艮合互艮，而否則又以互艮而仍合大艮，則以一大山而領諸衆山之小，此大嶽也。大嶽者，姜姓，此必姜氏之國也。然而物有興衰，卦既變否，則必先有否而大至焉。故大嶽配天，天子祭天地，則嶽瀆配之。今否上有天，山自能配，然而自觀之否約有四山。觀一大山，否又一大山，而究之合兩爲一，總成一否艮。泰震之大山，否爲大艮猶泰爲大震，總見筮法。能有兩乎？則必陳衰，而後此國昌。其周史筮辭有如是者。

及陳之初亡也，陳桓子始大于齊；其後亡也，成子得政。原文皆有刪無改。後倣此。

此附記後驗文也。昭八年楚滅陳，哀十七年楚復滅陳，故有前後亡。陳桓子即無宇，成子田常也。敬仲至田常約有七世。又三世滅齊，已十世矣。十者陰數之盡，繫辭地數十。觀否皆内坤，故與數合。

唐人定命録：天寶十四年，王諸入解，筮遇乾之觀，謂已及賓王，而大人未見，以乾五不動也。遂遇禄山變而返。此以貢士、賓興解賓王，頗合筮法。但觀互爲坤，坤在九家易曰爲亂，在虞氏易曰爲師，而内坤離位，則説卦直曰爲甲胄，爲戈兵。此與禄山之變一。何駭切向遇周史，則又疑鬼疑神矣。始知聖人設筮無時不告，而世卒無知之者。因附識此。

閔元年傳

初，畢萬筮仕于晉，遇屯下震上坎。䷂之比下坤上坎。䷇。

畢萬，畢公高之後，仕晉爲大夫。晉侯初作二軍，萬爲車右，以滅魏，遂賜萬以魏，其後分晉有國。此筮仕晉之始也。

辛廖占之，曰吉。辛廖，晉太史。

屯固比入，吉孰大焉。其必蕃昌。

何以吉也？夫屯之爲義也，下震動而上坎險，皆説卦文。動而得險，故曰屯。比之爲義，下坤土而上坎水，水土相比，故曰比。然而屯貴貞守，卦所云「居貞」，又云「利貞」者，貞也，即固也。比貴親切，象所云「比輔」，象所云「比孚」者，皆親切者也。切者，入也。所守既貞固，而與物善入，則于以筮仕，有何勿吉？而吾并卜其必後昌者。

震爲土，車從馬，足居之，兄長之，母覆之，衆歸之，六體不易，合而能固，安而能殺，公侯之卦也。公侯之子孫必復其始。

則以卦分合有體。自震一變坤而雷變爲土，因之，震之爲車，坤之爲馬，亦相從焉。此合體也。爲車爲馬，説見後。乃分觀震體，則震居乾之下體，而又爲長男，説卦震爲足，虞氏諸易爲兄。既可作國之長伯；而以觀坤體，則以母覆衆，坤爲母爲衆，見説卦。將育物而歸之。但觀此六體，而子孫之昌有不易者。況萬爲畢公高之後，前既爲侯，則後必以侯復之。屯曰「利建侯」，則比之「建萬國，以親諸侯」，所之與所遇始終如一。筮有卦雖變而仍不變者，此其一也。

震爲車，説卦與諸家無考，惟國語司空季子占公子重耳之筮云「震，車也」，則有據矣。況後泰伯伐晉，傳又稱震爲侯車，此無可疑者。若坤爲馬，則正義以卦辭「利牝馬之貞」爲證。惟比合屯固，坤安震殺，則全無所出。或謂子太叔對趙簡子有爲刑威獄，使民畏忌，以類其震曜殺戮一語。即是震殺，則震曜殺戮四字連列，非相承作解，何足爲據。

閔二年傳

成季之將生也，桓公使卜楚丘之父卜之。此不載。又筮之，遇大有乾下離上。䷍之乾乾下乾上。䷀。

成季，魯三家季氏之祖季友也，以謚成曰成季。

曰：同復于父，敬如君所。父、所韻。

此卜父筮詞，然從無解者。舊註云：乾爲君父，離本是乾子，今還變爲乾，故曰復父。然仍不可解。按，季友爲魯桓第四子，長莊公，次仲慶父，又次叔牙，季其少也。少子將生而筮男女，則其所告者當不出六索之法。見説卦。乃遇大有而變上離，則離爲中女，原有未合。然獨不曰季與莊公爲同母弟乎？二人皆嫡母文姜所生，而仲、叔兩家總屬長庶。古嫡稱同母，庶反稱同父，惟重嫡故并重母，則以女君生次子而專屬之母。比之坤母之再索，則再索得離，何爲不可，不過曰此女君之次生云耳。乃一變爲乾，而已復父矣。乾爲父，此同父矣。然且乾爲純爻，爻内有卦位。説見前。向爲上離時，則坎位不見，今變乾而中坎昭然；坎爲次子，則向爲母索者，今變爲父索，非復父乎！又且嫡庶分，父母并分，氏族長嫡既爲君，則必次嫡爲大宗，諸庶爲小宗，而後各改氏而共成一族，以一父也。此宗法見大小宗通繹。今桓之四子，莊既嗣桓，則季氏大宗，仲、叔小宗，當合仲、叔、季三氏而共成桓族，謂之三桓。乃次嫡未生，離未變乾，則上卦三乾中闕其一，安所得三桓而齊視之？而一變而三乾並列，總成一乾，三桓，三族，總一桓族，則其所爲復父者，獨季氏也乎！故曰同也。

若然，則乾爲君父，不惟同父，亦且同君。雖非君而如君之尊，可以推位而得之。位者所也，祇君所不同。初遇大有時，上離下乾，離日而乾天，日居天上，已駸駸有凌所之勢。及一變，而大有六五竟改爲乾之九五，九五君位，雖非大有六五「交孚威如」，有合同謹畏之象，亦誰敢不敬。宜乎！季孫之後專國政而卑公室，儼然君也。特是大有之變，衆多分勢，大有，衆多之象。而離位南方，終守北面，故春秋戰國他饒篡竊，而魯獨無有。即昭公出遜，亦且虚位多年，不越尺寸，則其敬君所者，豈真君所哉！如之而已。

僖十五年傳

秦伯伐晉，卜徒父筮之，吉。涉河，侯車敗。詰之。曰：乃大吉也，三敗必獲晉君。

秦伯，秦穆。晉侯，晉惠也。晉惠入國，實秦穆所納，而晉不報德而反報以怨，故伐晉。卜徒父，掌卜筮官。自吉以下六字，皆徒父之言。是時筮者見卦象有異，怪之。不先示何卦，急曰：涉河，侯車敗矣。秦伯不知卦，并未聞筮辭，恐車敗在己，故詰之。乃曰：我大吉，其敗在晉。且不止車敗，似當三敗其前軍，而後敗侯車，而獲其君。其故何也？

其卦遇蠱上艮下巽䷑。

以其卦遇蠱也。前此數語則皆於此一語解之。蠱内巽外艮，内既巽順，而外復艮止，動輒得敗，故曰蠱。蠱者，敗也，乃以象言之。凡兩卦之間有一剛在中，即謂之坎。今以兩剛居初四之間，則在蠱卦辭原曰涉川。蠱，元亨，利涉大川。而秦之入晉，又必踰河以進之，因而曰涉河，此固然也。顧既已涉河，則兩軍相接，當占車乘。今蠱之三五恰有互震居其間，則震車也。見前。且此非他車，震爲諸侯，見九家諸易。即侯車也。然且震名仰盂，見卦訣。實有類于車箱。然乃蠱上有艮，艮爲倒震，見轉易法。震一倒而車箱盡傾。向之所爲仰盂者，今覆盌矣。艮覆盌亦卦訣。傾與覆爲敗，則敗矣，故曰侯車敗。

張文楚曰：先生解是傳成，客有從江寧來者，驟見大驚，以爲入神。然究未敢信，曰：轉易何據？先生曰：轉易即倒易。文王設此法，爲序卦用者，凡六十四卦，惟乾坤坎離頤大過中孚小過八卦不倒，餘則屯蒙一倒，需訟一倒，師比一倒，皆兩兩顛倒，歷排之以至于盡。是轉易一法實周易開卷一大面目，而舉世不曉。宜乎六經盡亡，遭宋人蠱惑，而終不察也。客乃取易諦視之，再拜而退。

特蠱以敗名，不止一敗，似涉河之時當先有三敗，而後及于車敗者。按，推易一法，類聚群分，必以陽之合聚者分移他卦以爲卦，謂之往來。泰之「小往大來」，否之「大往小來」，皆是也。往者，去也。今蠱之爲卦實從泰與恒損三陽合聚者往來而成，然而無陽來而祇有陽去，一從泰之三陽初往上來，一從恒之三陽四往上來，一從損所環聚之三陽初往三來。說見仲氏易卷首及各卦。凡此三推，皆以我所聚三陽往而移彼，謂之三去。去與驅通字，即三驅也。然且三去必涉河，泰踰兩剛，泰初踰二三陽，兩陽而出險即是踰河。下同。損踰一剛，恒且踰上位，隱坎之剛，上爲坎位隱見于外，說見前。是前稱三敗，後稱三去，皆于踰河時見之，故曰必涉河而後侯車敗，非無謂也。

張文檒曰：推易即移易，在伏羲時即有之。如山澤爲損䷨，亦從泰之三陽三往上來，及倒損爲益，上風下雷䷩，則又從否之三陽初往四來，此倒易，亦移易也。然而損下益上，損下卦一陽而益之上，則所損在我，即名曰損。損上益下，損上卦一陽而益之下，則所益在我，故名曰益。是伏羲畫卦，亦早以推移往來定卦名矣。況「小大往來」，文王言之；「剛來下柔」、「柔來文剛」，則孔子言之。然且「類聚群分」，「剛柔相推」，繫詞兩篇無非解推易一法。此真三聖作易之至祕，而五易全亡，九筮滅没，非先生，其誰發之？

然而必知獲君者艮爲止，天下無車敗，而車中之人不止獲者。凡被獲曰止，國語君之止子之罪也，竟以獲稱止，即此事也。又且艮爲手，爲拘。拘者，係也。説卦「拘」誤作「狗」，今從荀易改正。故隨爲倒蠱，見轉易法。而隨之互艮，亦且拘係小子，拘係丈夫，而繼之曰「隨有獲」，此非拘止之而獲之也乎！是晉侯之獲，歷觀之艮象而有斷然者，故曰此可必也。

曰：千乘三去，三去之餘，獲其雄狐。夫狐蠱，必其君也。去叶驅。

此又作有韻筮辭，以申括之。千乘，諸侯也。三去見前。雄狐者，艮爲狐狼，見虞氏易。艮之陽一爻即雄狐也。蠱者，君父之惡，以陽狐而擅君父之惡，是狐而蠱者，故曰必其君。

蠱之貞，風也；其悔，山也。歲云秋矣，我落其實而取其材，所以克也。實落材亡，不敗何待。

此又别解内外象以備餘意。洪範内卦爲貞，外卦爲悔。内巽外艮，則内風外山，象固然也。但據經文，此時十一月，而傳稱秋者，周之十一月即夏之九月，恰是秋時，卜筮重時氣，故必以夏時斷之。若艮象無材而曰材，曰實，以卦有互震，震爲木而上連艮山，謂之山木，則山有材實矣。此與陳敬仲傳有山之材義同。

三敗及韓。

此下記事文，今即録之以明驗。韓，晉地，即韓原。

戰于韓原，晉戎馬還濘而止。

戎者，晉侯之車。傳稱步揚御戎，家僕父爲右者。馬即小駟，駕車者也。還，盤旋也。止者，拘也。駕車之馬盤旋泥濘中，而拘止其車，此車敗之驗。

秦獲晉侯以歸。

穆姬聞晉侯將至，以太子罃、弘與女簡、璧登臺而履薪焉。使以免服衰絰迎。

穆姬，秦穆夫人，晉惠姊也。太子罃即秦康，弘其母弟，與女名簡、璧，皆姬所生。履薪者，自囚請罪之禮。且使行人喪服迎秦伯，明必死也。

子桑曰：歸之而質其太子，必得大成。

子桑，秦大夫公孫枝也。謂當歸晉君，太子圉爲質。秦伯從其言。

乃許晉平。

春秋占筮書卷二

初，晉獻公筮嫁伯姬于秦，遇歸妹兑下震上。䷵之睽兑下離上。䷥，史蘇占之曰：不吉。

此又追記晉嫁姬筮辭，以并驗其事。史蘇，晉筮官。

其繇曰士刲羊，亦無衁也。女承筐，亦無貺也。

繇即易詞。士刲羊二句，本歸妹上六爻詞。先述之，以明不吉之故。蓋歸妹名卦，原以上震長男與下兑少女難爲匹配，故以震兄兑妹作長兄嫁妹之象，此本不利嫁娶者。况歸妹上爻正言新娶謁廟禮，所稱男以特羊告廟，女以棗栗脯脩承筐進獻者，而乃上非正位，下又無應，娣姒匹配，薦享不行，則雖震爲筐，震仰盂爲筐，又服虔謂震爲竹，竹爲筐。兑爲羊，離爲刃，坎爲血，皆説卦。諸象皆見，而上位過高，不惟超兑，亦越離坎，雖欲行謁禮，而無其具也。

西隣責言，不可償也。歸妹之睽，猶無相也。

兑西方之卦，秦在西，恰是西隣。服虔以爲三五互坎，坎爲月，月出在西，爲西隣，則間一層矣。責言不償，正指伐晉責報言。兑爲口舌，動多責讓，而互坎之耳半掩于震，互坎半體，爲震所掩。誰能償之？相，助也。婚姻以求助，傳所謂繫援之者。而歸妹之睽，則一嫁而睽隔之矣。且上曰「睽孤」，孤亦何助？

震之離亦離之震，爲雷，爲火，爲嬴敗姬。

且其象有大異者。夫以歸妹之震變而生離，謂震之離則當未變時，震之下剛生于互離，亦離之震也。震以木而生雷火，則木爲火母，震母家也。乃震變爲離，而離反以火而轉焚其木，此俗所云生女外向，不利母家者，非嬴敗姬乎！

車脱其輹，火焚其旗，不利行師，敗于宗丘。丘讀欺，國風「送子涉淇，至于頓丘」。

然且震爲車，車上變而下輹脱矣。震木上動則爲旗，乃變爲火剛，而旗上焚矣。雖離爲戈兵，爲甲胄，有行師之象，而轍亂旗靡，亦有何利！夫震我也，之離客也。我之主震，倒艮山而爲之丘，是主丘即宗邑也。而乃變客之離剛而敗于其地，是敗于宗丘矣。此指韓原之敗言，舊註韓有先君廟。

張文虨曰：震木上動爲旗，本杜氏註。舊謂荀九家易兑爲常，吴澄謂常爲九旗之一。此歸妹原有兑，則火焚在上，當是兑旗。不知上震之災不及下兑，且睽亦有兑，焚無兩旗，則其象亂矣，故不取焉。

歸妹睽孤，寇張之弧。

此指獲晉侯并歸晉侯言。夫歸妹之所之者，睽孤也。之彼爲敵，則睽孤者寇也。然而其辭曰「先張之弧，後脱之弧」，夫猶是弧也。而寇張之寇忽脱之，則猶是晉侯，而寇獲之寇忽歸之，其象正同。

姪其從姑，六年其逋。句。逃歸其國而棄其家，讀孤。明年其死于高梁之虚。「墟」同。

此下皆指子圉事言。子圉以十六年質秦，秦妻之。二十二年子圉逃歸，二十三年惠公卒，子圉立，是爲懷公。二十四年秦穆納公子重耳；懷公奔高梁，重耳弑之。此其事也。今筮者謂歸妹以震兄嫁兑妹，則火本爲震所出，故以嫁女言之，則離火者震木之女也。而以歸妹言之，則離火者又震兄之子也。母女爲姑，而兄子即爲姪，則同此一離，而姑姪並居，有似乎！從之者然。

顧以環占言之，不曰震之離亦離之震乎！卦盛極必反，自震一之離，而兩卦上下合成四離，兩正兩互。火炎極矣。極則離必之震，故自上之初閲六爻，而上又變，則六年矣。六年而離上之剛仍變震柔。變者，逋也。逋則震爲宗國，今復逃歸，而所妻之家所云男以女爲家者，亦棄如敝屣，豈非離亦之震乎！然而六爻相巡一周而盡，陰生陽死，不俟多日。况上剛既亡，將向之一梁高出，巋然横亘者，亦變而爲墟，歸于是，死亦于是矣。此隟括晉惠、子圉兩事，而預斷之者。高梁，晉邑。後子圉被弑，果在其地。或謂此筮在昔人相傳已久，服其神驗，故圉死之地即名高梁。此死後稱之，非先有其地者。然此皆少見多怪，以小人之腹妄度君子，欲爲回護，而反見其陋。成季未生時，卜者謂當名爲友，及生，而果有文在其手，曰友，因名之。此在百餘年後，趙簡子、史墨猶能道及。不知此腹中友字在生後刺之，抑先有其文者，試亦度之。

張文楚曰：環占法，前畢萬筮仕，傳既占屯震之坤爲諸侯，又轉占比坤之震亦爲諸侯，謂之終復其始。法同。

及惠公在秦，曰：先君若從史蘇之占，吾不及此。

此時無子圉事，故僅記此語，以完秦伯伐晉傳。

僖二十五年傳

秦伯師于河上，將納王。狐偃言于晉侯曰：求諸侯，莫如勤王。使卜偃卜之，曰：吉。卜文不載。

時襄王以王子帶之亂出，居于鄭。秦穆將納王，狐偃勸晉文先之，以攘其功。勤王即納王，以勞于王事曰勤。卜偃，卜筮官。筮之，遇大有離上乾下。䷍之睽離上兑下。䷥，曰：吉，遇公用享于天子之卦也。戰克而王饗，吉孰大焉。

「公用享于天子」，即大有九三爻詞。在本辭之義，原謂乾三踞下國之首，象屬三公，三公近天子，往得受天子饗禮。而兑口離腹，加之夏離秋兑，值時物長養之候，可行燕饗，說卦兑爲羊。鄭氏本作「養」。故即用其辭，以爲戰克而王饗，吉孰大焉。其云戰克者，以勤王必戰也。舊註謂卜辭有黄帝戰于阪泉之兆語，故云。則卜筮兩辭安得雜見？誤矣。

張文彬曰：兩卦皆有離，離爲甲胄、戈兵，正戰象也。況變兑而得互離，則兵甲愈盛，戰已勝矣。

且是卦也，天爲澤以當日，天子降心以逆公，不亦可乎！大有去睽而復，亦其所也。

且以乾天變兑澤，是天爲澤也。天最高而澤最下，是降心也。天爲澤以承日，則與王之降心以迎公何異。此觀其所之，而有斷然者。乃即以環占推之，縱去睽而占大有，下乾上離，以乾天而下離日，降心亦然。所謂無往而不得其所者，雖還復其卦，亦如是也。是時謀迎王反，曰逆公者，以勤王言則迎王，以王饗言則逆公。乃其象，則正義謂乾變澤以延日影，如迎日然。此爲得之。

晉侯辭秦師而下，次于陽樊。右師圍温，左師逆王。王入于王城，取大叔即王子帶。于温，殺之。晉侯朝王，王饗醴，命之宥。此勤王戰克，王饗之驗。

饗醴既饗，而又設醴酒。宥，助也。又以幣帛爲助。

附宣十二年傳

晉師救鄭，及河，聞鄭既及楚平，桓子欲還，即荀林父將中軍者。彘子不可。即先縠佐中軍者。知莊子荀首。曰：此師殆哉。

此記晉楚戰于邲，而晉師敗績之事。然口語及之，並非筮詞，與蔡墨説龍、子太叔論楚子並同。惟此傳與占筮相表裏，故附載之。

周易有之，在師坎下坤上。䷆之臨兑下坤上。䷒，曰：師出以律，否臧，凶。此師卦初爻辭。執事順成爲臧，逆爲否。

此引易而亦占變者。先引過卦爻辭論之。釋言云：坎律銓也。樊光曰：坎，水也，水性平，故律與銓皆取水爲平準。又郭璞曰：易坎卦主法，法律皆所以銓量輕重，是坎爲律象。又且黃鐘爲律本，而位乎坎，故坎爲律爲法。今以坤衆之師出之以内坎之律，是中軍有令，而師衆從之，所以臧也，否則不臧而凶矣。所以執兵事者，坤爲順，順成爲臧，逆則凶。

衆散爲弱，川壅爲澤。有律以如己也，故曰律。否臧，且律竭也。盈而以竭，夭且不整，所以凶也。

此兼論之卦。坤衆，説卦。水亦衆。見白虎通并杜註。既失坎律，則坎衆亦散，將變而爲兑之少女，弱矣。又且坎本川流，改爲兑澤，川亦壅矣。夫有律以從己也，如者從也。見杜註。今不從而逆則律敗，竭者敗也。川盈而竭，律甚嚴正而夭邪不整，以至敗壞，非凶而何！

不行之謂臨，有帥而不從，臨孰甚焉。此之謂矣。果遇必敗。彘子尸之，雖免而歸，必有大咎。

且師貴行也，惟臨則坤土所行，遇澤即止，謂之不行。今彘子逆命，師不行矣。若遇楚師，恐將不免。師在三五，不能無輿尸之象。其人佐中軍，即弟子也。弟子輿尸，彘子能免之乎！縱或免歸，必有大咎。此爲明年殺先縠傳。

成十六年傳

晉侯將伐鄭，楚子救鄭。公晉侯。筮之，史曰：吉。其卦遇復坤上震下䷗。

此晉楚戰鄢陵，而晉筮之者。復是專卦。

曰：南國蹙，射其元王，中厥目。蹙、目韻。

其卦本六陰，而一陽來復，故謂之復。則當未復時，固重坤卦也。坤爲國，兩國寬然，及陽復，而在南一國，實有一剛挫其地，而不成爲坤，則南國蹙矣。南國者，楚也。且夫復之加一陽而爲震也，震爲長，爲諸侯，即元王也。顧卦位，坎離爻純即見，今坤本純陰，而坎之弓輪，離之戈甲，皆説卦。兩師俱見。獨南離爲目，説卦。横集一矢，有似于坎弓之射之而中之者。則夫震剛之受射者，非其王，而離眶之半掩者，非其目乎！

張文檒曰：明何楷説易，稍識筮法，其説此卦謂貞我悔彼，初九元吉在我，上六災眚大敗，以其國君皆屬彼。且以震木克坤土，射之義也；以災眚而致大敗，眚爲目疾，則中厥目之象也。此較之宋儒之妄誕，庶幾近理。然中目無象，且以貞悔分彼我，亦筮法一節。顧與此卦大不合。説見仲氏易。

及戰，射共王，中目。

襄九年傳

穆姜薨于東宮。始往而筮之，遇艮之八艮上艮下。䷳。

穆姜，成公母，以通于叔孫僑如，欲廢成公而立公子偃、公子鉏，且使僑如愬于晉，而逐季、孟，事敗，故徙居東宮。此因其既死而追述始往之筮，以爲戒。雖姜氏自爲筮辭，然悔罪親切，辭與事有恰合者。東宮，太子宮也。艮之八者，揲筮之策以六七八九爲陰陽老少之數，從來莫解。説見仲氏易乾卦及易小帖。

張文檒曰：艮不能變隨，必艮之五爻俱變，獨第二不變，則爲隨。則此第二爻者，即之隨之爻也。乃商易揲策，以八爲少陰不變，故指此不變之爻爲八。是艮之八，實艮之第二爻耳。

史曰：是謂艮之隨兑上震下。䷐。隨，其出也，君必速出。

此史就隨卦名略説，以慰姜氏之心。以爲隨者上兑下震，口乍啓而足隨之，且動而得悦，兑口震足，震動兑説，皆説卦。有出之之象。君，小君也。

姜曰：亡。是於周易曰：隨，元亨利貞，无咎。此隨卦辭。而姜曰否，此在周易卦詞曰：「隨，元亨利貞，无咎。」然果无咎哉？元，體之長也。亨，嘉之會也。利，義之和也。貞，事之幹也。體仁足以長人，嘉會〔一〕足以合禮，利物足以和義，貞固足以幹事。然故不可誣也，是以雖隨无咎。

「元，體之長」至「足以幹事」，古釋卦辭。凡卦有元亨利貞者，皆以此釋之，故孔子取以爲文言，而姜亦用以釋隨。不然，姜氏先孔子生時十有餘年，而反得用孔子語，謬矣。然「故不可誣也」以下，是姜自解筮之詞，以爲此四德者，固元亨利貞之謂也。然慮其誣也。男女相隨，動而得説，稍有假借，便是失德，是必不誣于其德，而後内剛外柔，雖隨无咎。

今我婦人而與于亂，固在下位，而有不仁，不可謂元；

今我不然。東宫本下位，而降而居之。然且震爲太子宫，長男出震爲太子宫。而位居東方，即東宫也。震，東方之卦。乃以艮變隨而震宫在下，則其在下位有固然者。然

〔一〕「嘉會」，左傳作「嘉德」。

而坤元也。坤元之位，豈不尊上，而我以婦人而與於婬失，婬失爲亂。一似人之無良。我以爲君者，元君猶在，無良仁良。奈何。

不靖國家，不可謂亨；作而害身，不可謂利；

然且坤元本安靖，而在艮之坤，二陽擾之；在隨之坤，三陽擾之。凡筮遇爲我，而之爲彼，在我家也，在彼國也。坤妻道，爲家爲國見前。今在國則一君擾内，指成公。二臣擾外，指季、孟。在家則又二少男指二公子。合擾中外，國家之不靖甚矣，不亨矣。

乃由國而家而身，其在遇艮則曰：「艮其背，不獲其身。」而在艮二變隨則又曰：「艮其趾，不拯其隨。」是身不得作，雖欲隨所之，而不可得矣，而況作而之震，震又隨兑，一舉足而蹈澤中，震足兑澤。不惟不得作，即作而身亦何利？

棄位而姣，不可謂貞。

且夫匹配各有位也，坤位西南，本與艮位之東北相配對也。今重艮一變，而坤棄位而左降爲兑，艮亦棄位而左降爲震，隨之兑震適俱位坤艮之左。長男幼女顛倒配合，是姣也。姣者，淫也。坤貴安貞，而棄位而淫，可謂貞乎！

有四德者，隨而无咎；我皆無之，豈隨也哉！我則取惡，能無咎乎？必死于此，弗得出矣。

是四德不備，不可爲隨。去德取惡，焉能無咎？此在艮卦辭有云「行其庭，不見其人」，我之死此中必也。若欲出此，則一入震宫，而艮門兩剛，有若重鍵，二四互艮，上有二陽。然且山塡之，艮。澤蔽之，兑。少男少女環守之，三艮一兑。雖艮有多門，而總已毁拆。重艮所變有五爻，兑爲毁折。在艮彖有云「艮者止也」，止其所也，止此而已。雖欲出，弗可得矣。按，姜此筮辭，實多才有學。雖悔罪不吝，而尚隱乎爲辭者，故詞似淺近，而卦象微眇，推測不盡。策書載此，以示婦人，無德有才，何用中冓。自訟祇增媿嘆。此與邶風之録氓詩並同。

附

宋時金舉兵來侵，筮之，遇蠱䷑之隨䷐。此正相反之卦，六爻俱動，然仍占遇之兩卦象。朱氏謂六爻皆動，則占遇卦，大謬。占者曰：我有震威，震爲出威，見國語。而外當毁拆，兑爲毁拆。敵敗之象也。内我外敵。蓋隨自否來䷋，又自益來䷩，皆以上剛塡下柔。皆三陽推易法。而蠱之所變亦復如是。艮上變柔，蠱艮上九變隨兑上六。巽初變剛，蠱巽初六變隨震初九。乾元在上，下填坤初，斷敵兵〔一〕之首而墜于地矣。且兩互爲漸，三五互巽，二四互艮，合之爲風山漸。漸之辭曰「夫征不復」，其何能返？此倣漢魏諸家斷法而爲説者。其後果驗。

襄二十年五傳

齊棠公之妻，東郭偃之姊也。棠公死，偃御崔武子以弔焉。見棠姜而美之，使偃娶之。筮之，遇困坎下兑上。䷮之大過巽下兑上。䷛，陳文子曰：夫從風，風隕，句。妻不可娶也。

坎爲中男，故曰夫。變而爲風，故從風。然而風能隕物，則此妻何可娶也。

且其繇曰：困于石，據于蒺藜，入于其宮，不見其妻，凶。

此困六三爻詞。

困于石，往不濟也；據于蒺藜，所恃傷也；入于其宮，不見其妻，凶，無所歸也。

此文子占筮之辭。按推易法，困從否來，虞翻謂否三在互艮之二陰，而前當艮

〔一〕「敵兵」，西河合集作「金主」。

剛，正石也。水逢石而險，則不濟矣。苟九家易坎爲叢棘，爲蒺藜，所恃如此，不又多傷乎！且三居互離之中，而前後掩空，此非中空若房，世俗之所稱離宮者哉！夫坎男之陰，亦即離女之陰也。三爲坎之上陰，即互離之中陰。既爲坎男而已入離宮，即欲再求所爲離女者，而何可復得？男以女爲家，無家將安歸？所以凶也。

崔子曰：娶也何害？先夫當之矣。言棠公已當此凶。遂取之。莊公通焉，崔子弑之。二十七年，崔成、崔彊殺東郭偃。崔子御而出，見慶封。避慶封家。慶封曰：請爲子討之。使盧蒲嫳帥甲以攻崔氏，止崔子于家，篤言討賊，而反使攻崔氏。遂滅崔氏。其妻縊。即棠姜。嫳復命于崔子，且御而歸之。嫳御崔子歸。至，則無歸矣。

附

晉史元帝爲晉王時，將渡江，使郭璞筮之，遇豫䷏之睽䷥，璞曰：會稽當出鐘，以告成功。上有勒銘，應在人家井泥中得之。繇辭所謂「先王以作樂崇德，殷薦之上帝」是也。豫象辭。及帝即位，太興初，會稽剡縣果于井中得一鐘，長七寸二分，口徑四寸半，上有古文奇書十八字，人罕識者。先仲氏以推易法衍之，豫上震下坤，震爲龍，爲首出之子，而下連坤土，此奮而出地之象也。悔爲睽，上離下兑，嚮明而治，而金以宣之；體離互亦離，睽二四互離。此重明重光中興之象也。震爲鳴爲聲，說卦。故先王以作樂崇德，而合睽之兑金，以升于睽之離火，是坐明堂向南離，而考擊鐘鏞以作樂之象也。祇兩卦皆有坎水以陷之，豫睽三五皆互坎。則尚在陷中，未經出土，而豫坎互坤，豫三爻爲坎坤互用。則當在水土之間。況豫之震爲東方，離爲南方。會稽者，東南郡也。豫有互艮，豫二四互艮。艮爲成，萬物之所以成終者也。說卦。則非告成功乎！若曰鐘有勒銘，有古文，則睽離爲文，兑爲言，以文爲言，非勒銘乎！至若長七寸二分者，南北爲縱，縱即長也；南離之數天七地二，此大衍之數，宋儒誤以爲河圖。下同。則七寸二分也。大數陽，小數陰也。徑四寸半者，東西爲衡，衡即徑也；西兑之數地四天九，則四寸半也。陰數四，折陽數之九而半分之，則四寸有五也。

春秋占筮書卷三

昭五年傳

初，穆子之生也，莊叔以周易筮之，

穆子，叔孫穆子名豹者也。莊叔，穆子父也。按，成十六年，穆子避僑如之難，奔齊，及庚宗，遇婦人，宿焉。襄二年，召歸，立爲卿。庚宗婦攜其子獻雉，問所生，曰能奉雉矣。召見，號曰牛。使爲豎，有寵。長使爲政，乃以讒殺長子孟，又譖而逐仲。穆子疾，并私絶其饋，餓死。至是昭子即位，殺牛。因追述穆子初生之筮，以驗之。

遇明夷☲☷離下坤上。之謙☶☷，艮下坤上。以示卜楚丘，卜人名。曰：是將行，而歸爲子祀。以讒人入，其名曰牛。卒以餒死。祀、牛、死韻。牛音昵。

先立有韻筮詞，以櫽括大意，復逐節解之。

明夷，日也。日之數十，故有十時，亦當十位。自王已下，其二爲公，其三爲卿。日上其中，食日爲二，旦日爲三。明夷之謙，明而未融，其當旦乎！故曰爲子祀。明者，日也。夷者，傷也。離在地下，則明爲地掩，未免受傷。然而日之數十，自甲至癸，其時數皆十，而與人位之十等相當，如日中當王，以陽盛也。食時當公，以次而左旋至日昃。平旦當卿，雞鳴當士，夜半當皁，人定當輿，黄昏當隸，日入當僚，晡時當僕，日昳當臺。大抵自王一等以下，其二等爲公，三等爲卿，則是日中爲上等，食時爲二等，旦明爲三等。今以莊叔本卿位，而當明夷之初旦，且變而之謙，謙又卑退，則雖已旦明，而尚未融暢，恰是卿位，故曰爲子祀。言可繼子奉祀者。

日之謙當鳥，故曰明夷于飛；明而未融，故曰垂其翼；象日之動，故曰君子于行；當三在旦，故曰三日不食。

日之謙當鳥，謂日之謙之爻，即初爻也。離爲飛鳥，見九家易，又説卦爲雉，虞氏易爲隼、爲鶴。而未明初飛，即變爲艮，是離之兩剛相夾，如健翮者。而初剛下折，是垂其一翼也。且日動，震亦動也，離日已動，而三五互震，且復前行，是于行也。乃甫行而日位當三，又非食時，則三日不食矣。

張文彬曰：按推易法，明夷爲臨卦，所易廢下兑之口以成離虛，離中虛。此一不食也。若明夷之謙，破下離之腹以就艮之鬼冥門，見前。則直餓死矣，又不食也。故仲氏易曰：穆子兩不食。前之不食在庚宗時，使婦私爲食，而就宿焉，因生豎牛〔一〕。此推易法也。後之不食，則絶其饋食，雖山有菓蓏，亦反虛器而出之，而因而餒死。此古之卦法也。其精如此。

離，火也；艮，山也。離爲火，火焚山，山敗；於人爲言，敗言爲讒，故曰「有攸往，主人有言」，言必讒也。純離爲牛，世亂讒勝，勝將適離，故曰其名曰牛。

此又以環占法推之。以離火變艮山，而還，而觀之，則亦可以離火焚艮山，而艮敗矣。艮爲人，字形。爲成言，説卦：成言乎艮。艮敗則人言俱敗，將有以主人而聽讒言者。夫純離爲牛，謂離上離下。其卦詞曰「畜牝牛吉」。今以離之艮而艮還之離，則純離矣。純離當名牛，則世亂讒勝，似必有名牛者起而敗之，非無故也。此指豎牛之亂言。

張文彬曰：仲氏易謂庚宗之婦，固下離之中女也。離者，別也。乃初變爲艮，

〔一〕「豎牛」，西河合集作「離牛」。

而少男生焉。然且此艮一變而謙之三五互震爲長男，二四互坎爲中男者，其二剛爻總以一艮剛掩之，殺長孟而誅仲子，皆推之而瞭然者。謙不足，飛不翔，垂不峻，翼不廣，故曰其爲子後乎！吾子亞卿也，抑少不終。

若論其位，則自在卿等。既不利攸往，則歸而爲後，所固然者。但吾子亞卿，而是子繼之，似于旦日亞卿之位，少未盡耳。

昭七年傳

衛襄公夫人姜氏無子，嬖人婤姶生孟縶。初生也。孔成子夢康叔謂己立元。史朝亦夢康叔謂己，夢協。婤姶生子，然後生子。名之曰元。孟縶之足不良，能行。不能善行，跛也。孔成子筮之，曰：元尚享衛國。問詞。遇屯震下坎上。䷂。又曰：余尚立縶。亦問詞。遇屯䷂之比坤下坎上。䷇。史朝曰：元亨，又何疑焉！元亨，屯卦詞。成子曰：非長之謂乎？以年不以名。對曰：康叔名之，可謂長矣。此長者之命，并不以名。孟非人也，將不列于宗，不可謂長。況跛非全人，不在宗長幼之列。且其繇曰「利建侯」。嗣吉，何建？建非嗣也。二卦皆云，子其建之。

此以卦詞與名合，故祗斷卦詞，亦一法也。利建侯，屯卦詞，與屯初爻之辭皆同，是兩詞兩卦俱建侯矣。夫嗣有常位，若拘長少，則嗣之而已，何庸建也？建必擇吉，子其建之。

弱足者居，侯主社稷，臨祭祀，奉民人，事鬼神，從會朝，又焉得居？各以所利，不亦可乎！

且屯之爻辭不又曰「利居貞」、「利建侯」乎！夫利有兩等，有利居者，有利侯者。弱足者利居，以不能行也。若侯則宗廟、社稷、人民、朝會，行動之不暇，而居之乎？然則易辭之兩利明有分屬，一居之而一建之，何不可之有？

故孔成子立靈公。

昭十二年傳

南蒯之將叛也，枚筮之，遇坤坤上坤下。䷁之比坎上坤下。䷇，曰吉。

南蒯，南遺之子。季氏，費邑宰也。蒯與公子慭、叔仲小謀叛費，以逐季氏。不告以斷筮之事，而但下一空籌以筮之，謂之枚筮。

示子服惠伯，曰：即欲有事，何如？惠伯曰：吾嘗學此矣。忠信之事則可，不然必敗。

此亦不告惠伯事而汎諮之，謂若欲有所行之事，何如？即字古文多作若字解。

惠伯逆知其事，故陰以折之，曰：亦顧其事何如耳。不然，則迪吉逆凶，無容問者。外强内温，忠也；和以率貞，信也，故曰黄裳元吉。黄，中之色也；裳，下之飾也；元，善之長也。中不忠，不得其色；下不共，不得其飾；事不善，不得其極。外内倡和爲忠，率事以信爲共，供養三德爲善。非此三者弗當。

此皆就易義以陰斷其事，即筮詞也。外彊二語，是合斷兩卦者。坎險爲外彊，坤順爲内温，以遇與之即内外也。忠信者，即前所云忠信之事也。故曰以下則專斷坤卦，謂「黄裳元吉」，豈黄裳而即吉乎？黄爲中色，裳爲下飾，必元善而後能吉。向使爲中者無忠心，則必失臣道，安有臣象？黄色，臣象。下不共則上不率下，安所整飾？其後費邑亦叛蒯。況事無忠信，則元善已失，安能終事？極者，終也。是必同事有忠者，公子慭、叔仲小皆不忠。下有信者，其後蒯之臣司徒老祁、慮癸以盟信逐蒯。且合忠信與共爲三德，以統成元善，則可當，非是勿當也。

且夫易不可以占險。將何事也？且可飾乎？中美能黄，上美爲元，下美則裳，參成可筮。猶有闕也，筮雖吉，未也。

此專斷比詞者。且坎者，險也。坎雖隱伏，説卦。而辭曰「顯比」，比五爻詞。則其險已著。況外卦坎位而又變，而尚以坎，則其爲大險，有不容隱伏焉者。假曰筮易不可以占險，則所占何事？況占有貞悔，並非可以黄裳一飾，謂足掩蔽了事也。夫黄裳之文在中，坤五爻詞。與顯比之位正中，比五爻辭。祗中美也。然必推比象之「元永貞」與「顯比」之上使中，一象詞，一爻詞。皆本元善而後爲上美，否則徒飾下美，而不參成以筮之，則「邑人不誡」。亦比辭。將有借在上之元與在中之忠以責其多闕失者，其後叛蒯者亦終以群臣不忘其君爲言。筮雖吉，未也。

附

東漢永建三年，立大將軍梁商女爲貴人，筮之，亦得坤䷁之比䷇，與此筮同。當時解之者但曰元吉，坤五爻詞。正中而已。比五爻詞位正中也。其後進爲后。順帝崩，進爲皇太后。以無子，立他妃子臨朝，即冲帝也。冲帝崩，質帝立，又臨朝。及兄冀弒質帝，然後迎桓帝立之，而於是有兄冀擅權，宦官亂政之禍。今占之，則坤五后也，之比而變剛，君也，臨朝也，所謂「顯比」者也。比九五「顯比，王用三驅，失前禽」。「舍逆取順」。三驅，立三帝也。失前禽者，無子也，猶無前星也。舍逆取順者，信宦官，殺忠良也。其最可異者，一推自復，推易法，凡一陽卦俱從剥復來。以震初之剛䷗而易比五；一推自剥以艮上之剛䷖而易比五。震爲長子，爲兄，艮爲門闕，爲閽寺，俱見説卦。合兑冀與宦官，而皆與九五有參易之象，因之有弑帝亂政之禍。向使漢之太史知此，則必唾而去之矣。乃宋人無學，率以先後天方圓兩圖造占變之法，而不識周易占筮其神如此，不可嘆與！

哀九年傳

宋皇瑗圍鄭師，晉趙鞅卜救鄭，不吉。陽虎以周易筮之，遇泰乾下坤上。䷊之需乾下坎上。䷄，曰：宋方吉，不可與也。微子啓，帝乙之元子也。宋鄭，甥舅也。祉，禄也。若帝乙之元子歸妹，而有吉禄，我安得吉焉？乃止。

此在泰之五六爻辭，有曰「帝乙歸妹以祉，元吉」。其義以泰之二四爲互兑，三五爲互震，震爲長男，兑爲少女，原有長兄嫁妹之象。因之，歸妹六五爻辭與此皆有「帝乙歸妹」四字，而宋爲微子封國，即帝乙子也。明曰祉吉，而可以伐乎？況此詞曰歸妹，而宋鄭又時通婚姻，則甥舅國也。此亦以詞與事合，而就詞斷事如此。

需九五爻詞曰「需于酒食，貞吉」。酒食爲禄，貞吉爲吉禄，故以祉字釋禄字，亦兼之卦言。

春秋外傳

周語

晉孫談之子周適周，事單襄公。襄公有疾，召頃公而告之，曰：必善晉。

晉孫談者，晉襄公之子惠伯談也。周者，談之子，晉悼公之名。頃公者，單襄公之子。悼公在周，襄公服其爲人，知其必有晉國，故囑子與晉善。

成公之歸也。吾聞晉之筮之也，遇乾（乾上乾下。）䷀之否（乾上坤下。）䷋，曰：配而不終，君三出焉。一既往矣，後之不知，其次必此。

此述晉成往日之筮，以斷周之宜有國也。成公，晉公子黑臀，舊曾奔周。既以趙穿弑靈公，迎歸立之。筮本迎歸時事，而今始斷之者，上乾與下乾相配，皆君也。今三君忽變而爲否，是否德不終，何以克配，直出君而已。然而出君，終君也。雖公子亦君也，且出而爲坤，坤爲國，爲衆，出有國家，何患不君？今此三君者，其一成公，則已往事矣，若後第三君，則吾不得知。以言其次，則舍周其誰？吾所爲可必者此耳。

及厲公之亂，召周子而立之，是爲悼公。

晉語

晉公子重耳。筮返國，得貞屯坎上震下。䷂悔豫震上坤下。䷏，司空季子曰：吉。是在易，皆利建侯。不有晉國，安能建侯！

屯豫兩卦詞皆有「利建侯」文。

坎，水也。坤，土也。屯，厚也。豫，樂也。車班内外，順以訓之，泉源以資之，土厚而樂其實，不有晉國，何以當之！

此合斷兩卦辭也。車班内外者，震爲車，班者列也。屯列車在内，豫列車在外。坤，順也。泉源者，坎也。屯有互坤與正坎，而豫有正坤與互坎，土厚而樂其實，則是同一國土，而屯得其厚，豫樂其實。實者，國之所有也。

主雷與車，而尚水與衆，故曰屯。其繇曰：元亨，利貞。勿用有攸往，利建侯。主震雷，長也，故曰元。衆而順，嘉也，故曰亨。内有震雷，故曰利貞。車上水下，必伯。小事不濟，故曰勿用有攸往。一夫之行也。

乃從兩卦分斷之。内卦爲主，爲雷車，外卦爲尚，爲水衆者，非屯乎？乃其詞如此，則以震爲長男。元者長也，衆以順，而會亨者嘉之會也。況震雷在內，則每動而上；坎水在上，則每順而下，豈惟利貞？伯業于是興矣。若夫「勿用攸往」者，則單震爲足，說卦震爲足。單男爲一夫。虞氏易陽爲夫。一夫之足行，安能有濟？今車上而衆，且如水下矣，此伯王之時，不可失也。

衆順而有武威，故曰利建侯。坤，母也。震，長男也。母老子彊，故曰豫。其繇曰利建侯行師，居衆〔一〕出威之謂也。是二者，得國之卦也。

更以觀豫，則坎本衆順，坤亦衆順，而皆有震。震武威分處内外，雖坤爲太母，震爲長子，亦既老彊，而養于坤，而出乎震，遲暮得國，亦復可喜。況既曰「建侯」，又曰「行師」，則内坤外震，其在居以衆順爲樂，而一出則威武大行。卦雖有二，得國則一，君何疑焉？

十月，惠公卒。十一〔二〕月，秦伯納公子。

〔一〕「衆」，國語作「樂」。

〔二〕「十一」，國語作「十二」。

附

吕氏春秋：孔子筮，得賁䷕，下離上艮。曰：不吉。子貢曰：何謂也？曰：夫白而白，黑而黑，賁亦安吉乎？家語亦云：非正色之謂也。

山火爲十二章飾色之二，故名賁。賁者，飾也。但繪山于衣，繡火於裳，並皆正色，而獨此卦義從來以不正色爲解，如京房云「五色不成謂之賁」是也。特其所云不正者，則毛傳云「賁，黄白色也」。鄭玄、王肅説此卦，亦皆云黄白色，即揚雄太玄礥首次二曰：黄不純，屈于根。註易賁卦山下有火，黄白色也。今孔子所云有黑色而無黄色，即易文「賁如皤如」，白馬、白賁諸語，又似衹有白色，而并無黑黄二色。此皆無可考辨者。況筮法論色，亦屬創見，故附載此。

漢書：武帝伐匈奴，筮之，得大過九五巽下兑上。䷛，太卜因謂：匈奴不久當破。但取象辭「何可久也」一語。爻詞九五：「枯楊生華，老婦得其士夫，无咎无譽。」象曰：「枯楊生華，何可久也。老婦士夫，亦可醜也。」乃遣貳師伐匈奴，後巫蠱事發，貳師降匈奴，武帝咎卦兆反謬。今以五易法筮之，則此九五在本卦爲兑中，在大壯所來爲震中，大壯上震改上兑。兑爲剛鹵，説卦。而震以出之，此北伐之象。但大過通視，合爲大坎，而互當重乾之末，進承一坤，龍戰玄黄，正在此際。幸乾坎二位皆居北方，坎正北，乾西北。我以南向北，則我南爲凱，彼北爲敗，所以能破匈奴兵，乘勝追北，至范夫人城者，此也。奈身在坎中，尚未出險，而兑爲口舌，又爲毁拆〔一〕，非因令誤，當以間敗，乃詛呪事發而脱身降矣。兑者，脱也。夫枯楊之華不入寒地，身爲士夫，敵醜非偶，乃既降單于，則身已爲人所得，而單于乂妻之以女，此正匹配反常，一若老婦之得士夫者。其辭象之切，占驗之精，孰過于此？而以爲反謬，此占者之罪。卦兆，焉得誣坐之？

晉元帝初鎮建鄴，王導使郭璞筮之，遇咸☱☶之井☵☴，璞曰：東北郡縣有武名者，當出鐸，以著受命之符。西南郡縣有陽名者，其井當沸。後晉陵武進人于田中得銅鐸六枚，一作五枚，誤。見郭璞洞林。歷陽縣中井沸，經日乃止。此事載晉書郭璞傳，然世終莫解。嘗以此詢仲氏，仲氏曰：此最淺近者。銅鐸之出，以貞咸也。井之沸，以悔井也。咸内爲艮，艮，東北之卦也。其名武者，以上兑在右，武位也。其

〔一〕「拆」，西河合集作「拆」。

出鐸者，兑爲金，與互乾金合，而乾數六，故得六鐸。然且互乾爲天，互巽爲命，此天命也，故曰此受命之符也。若夫井，則二四互兑，三五互離，離兑爲西南郡縣，而南爲陽方，故宜有陽名。乃以下巽與互兑爲金木之交，上坎與互離爲水火之際，木間金得火，而上承以水，此非薪在釜下，得火而水乃沸乎？且四正相纏，乾麗坤域，非中興受命，何以得此？見仲氏易。

晉渡江後，宣城太守殷祐以郭璞爲參軍，會有物如牛，足卑，類象，大力而遲，行到城下，祐將伏取之，令璞作卦，遇遯䷠之蠱䷑，其辭曰：艮體連乾，其物壯巨。是占在晉史無解。今録仲氏易解語。遯天山皆巨物，故此物亦巨。山潛之畜，蠱上艮爲山，互兑爲潛。非兕非虎。坤爲兕虎，以坤間二陽不成故也。身與鬼并，三陰爲鬼，蠱三陽三陰合并成卦。精見二午。離五月卦，爲建午，蠱三至上爲大離，則倍午矣。法當爲禽，兩翼不許。離爲雉，巽爲雞，而無兩翼。遂被一創，遯四陽傷其一爲蠱。還其本墅。自遯之蠱祇傷乾一畫，而兩山如故。按卦名之，是爲驢鼠。乾爲馬，艮爲鼠。今遯乾一變，而已失馬形，是驢鼠矣。卜竟，伏者以戟刺之，深尺餘，遂去不見。郡綱紀上祠，巫云廟神不悦，曰此郲亭驢山君鼠也。偶詣荆山，暫來過我，何容觸之？此事近狡獪，然亦見古人筮法有如是者。

唐李綱在隋，仕宦不進，筮之，得鼎䷱，曰：君當爲卿輔，韻。然俟易姓爲如志，叶。仕不如退，叶。折足爲敗，叶。蓋取倒卦之革，俟革命也。鼎倒卦爲革，説見前。遂稱疾，辭位去。後仕唐，果驗。然則筮法有直占倒卦者，亦一變也。

五代石晉高祖以太原拒命，廢帝遣兵圍之，勢甚急。命馬重績筮之，遇同人䷌，曰：乾健而離明，君德向明之象也。同人者，人所同也。此時將必有同我者焉。易曰「戰乎乾」，乾，西北也。又曰「相見乎離」，離，南方也。其同我者，北而南乎？乾，九十月卦也，乾西北卦，位在九十月。戰而勝，其九十月之交乎？是歲，契丹果助晉擊敗唐軍，晉遂有天下。

聽齋雜記：明土木之變，南冢宰魏驥將集同官上監國疏。會錢塘客陸時至，善易。請筮之，得恒䷟之解䷧，驥曰：帝出之，不恒而承之羞，恒九三爻詞：「不恒其德，或承之羞，貞吝。」固也，乃變而負乘，寇將復至。解六三爻詞：「負且乘，致寇至，貞吝。」如之何？對曰：既已負帝且乘矣，再三何害？所慮者，貞之則吝，惟恐徒守反吝耳。驥曰：善。乃易疏去。次日客遇驥，驥曰：昨筮無大凶乎？曰：大吉。曰：

何謂？曰：夫恒爲大坎，而三當坎中，所以陷也。然而恒互爲乾三，以一乾而嵬然居三乾之間，若無往而不爲君者。乃一變爲解，則已解矣。且解之詞彖詞。曰「利西南」，西南者，所狩地也。又曰「其來復」，則還復也。夫「恒者，久也」，「日月得天而久照」，此恒彖詞。今解之互體，則正當兩坎互離之間，坎月離日，非日月幽而復明乎？大明吾國號，非返國乎？祇坎有兩坎兩離，而上離未全，上震缺上九，此似指監國言。尚有待耳。後寇果再至，以戰得勝。而英宗卒返國復辟，若先見者。

附録

毛奇齡傳

毛奇齡，字大可，又名甡，蕭山人。四歲，母口授大學，即成誦。總角，陳子龍爲推官，奇愛之，遂補諸生。明亡，哭於學宫三日。山賊起，竄身城南山，築土室，讀書其中。

順治三年，明保定伯毛有倫以寧波兵至西陵，奇齡入其軍中。是時馬士英、方國安與有倫犄角，奇齡曰：「方、馬國賊也，明公爲東南建義旗，何可與二賊共事？」國安聞之大恨，欲殺之，奇齡遂脱去。後怨家屢陷之，乃變姓名爲王士方，亡命浪游。及事解，以原名入國學。康熙十八年，薦舉博學鴻儒科，試列二等，授翰林院檢討，充明史纂修官。二十四年，充會試同考官，尋假歸，得痺疾，遂不復出。

初著毛詩續傳三十八卷，既以避讎流寓江、淮間，失其藁，乃就所記憶著國風省篇、詩札、毛詩寫官記。復在江西參議道施閏章所與湖廣楊洪才説詩，作白鷺洲主客説詩一卷。明嘉靖中，鄞人豐坊僞造子貢詩傳、申培詩説行世，奇齡作詩傳詩説駁議五卷，引證諸書，多所糾正。洎通籍，進所著古今通韻十二卷，聖祖善之，詔付史館。

歸田後，僦居杭州，著仲氏易，一日著一卦，凡六十四日而書成，託于其兄錫齡之緒言，故曰「仲氏」。又著推易始末四卷，春秋占筮書三卷，易小帖五卷，易韻四卷，河圖洛書原舛編一卷，太極圖説遺議一卷。其言易發明荀、虞、干、侯諸家，旁及卦變、卦綜之法。奇齡分校會闈時，閲春秋房卷，心非胡傳之偏，有意撰述，至是乃就經文起義，著春秋毛氏傳三十六卷，春秋簡書刊誤二卷，春秋屬辭比事記四卷，條例明晰，考據精核。又欲全著禮經，以衰病不能，乃次第著昏、喪、祭禮、宗法、廟制及郊、社、禘、祫、明堂、學校諸問答，多發先儒所未及。至于論語、大學、中庸、孟子，各有考證，而大學證文及孝經問，援據古今，辨後儒改經之非，持論甚正。

奇齡淹貫群書，所自負者在經學，然好爲駁辨，他人所已言者，必力反其詞。古文尚書自宋吴棫後多疑其僞，及閻若璩作疏證，奇齡力辨爲真，遂作古文尚書寃詞。又删舊所作尚書廣聽録爲五卷，以求勝於若璩，而周禮、儀禮，奇齡又以爲戰國之書。所作經問，指名攻駁者，惟顧炎武、閻若璩、胡渭三人。以三人博學重望，足以攻擊，而餘子以下不足齒録，其傲睨如此。

素曉音律，家有明代宗藩所傳唐樂笛色譜，直史館，據以作竟山樂録四卷。及在籍，聞聖祖論樂諭群臣以徑一圍三隔八相生之法，因推闡考證，撰聖諭樂本解説二卷，皇言定聲録八卷。三十八年，聖祖南巡，奇齡迎駕於嘉興，以樂本解説二卷進，温諭奬勞。聖祖三巡至浙，奇齡復謁行在，賜御書一幅。五十二年，卒于家，年九十一。門人蔣樞編輯遺集，分經集、文集二部，經集自仲氏易以下凡五十種，文集合詩、賦、序、記及他雜著凡二百三十四卷。四庫全書收奇齡所著書目多至四十餘部。奇齡辨正圖、書，排擊異學，尤有功於經義。弟子李塨、陸邦烈、盛唐、王錫、章大來、邵廷寀等著録者甚衆。李塨、廷寀自有傳。

（録自清史稿卷四百八十一）

提要

一、推易始末提要

推易始末四卷，國朝毛奇齡撰。奇齡既述其兄之説作仲氏易，復取漢、唐、宋以來言易之及于卦變者，别加綜核，以爲是書。其名推易，蓋本繫辭傳「剛柔相推」一語，仍仲氏易「移易」義也。大旨謂朱子本義雖載卦變圖于卷首，而止以爲孔子之易，未著其爲文、周之易，因上稽干寶、荀爽、虞翻諸家，凡有卦變、卦綜之説，與宋以後相生、反對諸圖，具列于卷，而以推易折衷之，圖系于後。朱子謂卦變乃易中之一義，而奇齡則以爲演畫繫辭之本旨。易義廣大，觸類旁通，見智見仁，各明一理，亦足與所撰仲氏易互相發明也。乾隆四十五年二月恭校上。

（録自文淵閣四庫全書）

二、易小帖提要

易小帖五卷，國朝毛奇齡説易之語，而其門人編次成書者也。奇齡所著經解諸書，惟仲氏易及春秋傳二種是其自編，餘皆出門人之手，故中間有附入門人語者。此小帖凡一百四十三條，皆講易之雜説，與仲氏易相爲引伸。朱彝尊載之經義考云：皆西河氏紀説易之可議者。今觀其書，徵引前人之訓詁以糾近代説易之失，于王弼、陳摶二派攻擊尤力，其間雖不免有强詞漫衍，以博濟辨之處，而自明以來申明漢儒之學，使儒者不敢以空言説經，實奇齡開其先路。其論子夏易傳及連山、歸藏尤詳核。第五卷所記，皆商榷仲氏易之語。初稿原附載仲氏易末，後乃移入此編。舊目本十卷，今本五卷，蓋其門人編録，有所刊削。考盛唐所爲西河傳，又稱易小帖八卷，蓋十卷删爲八卷，又删爲五卷也。儒者尊奉一先生，每一字一句奉爲蓍蔡，多以未定之説編入語録，故二程遺書朱子有疑，朱子語類又每與四書章句集註、或問相左，皆失于簡汰之故。若奇齡之門人，可謂能愛其師矣。乾隆四十三年三月恭校上。

（録自文淵閣四庫全書）

三、春秋占筮書提要

春秋占筮書三卷，國朝毛奇齡撰。其曰「春秋」者，摭春秋傳所載占筮，以明古人之易學，實爲易作，不爲春秋作也。自漢以來，言占筮者不一家，而取象玩占存於世而可驗者，莫先於春秋傳。奇齡既於所著仲氏易、推易始末諸書發明其義，因復舉春秋內外傳中凡有得於占筮者彙記成書，俾後之言筮者知觀玩之概。而漢晉以下占筮有合於古法者，亦隨類附見焉。易本卜筮之書，聖人推究天下之理，而即數以立象；後人推究周易之象，而即數以明理，羲文周孔之本旨如是而已。厥後象數理岐爲三家。又易道廣大，無所不包，而天下之事亦無出象數理外者，於是百家技術皆從而牽引推闡之，亦皆足以自成其説。故六經之學惟易最雜。春秋內外傳所紀雖未必無所附會，而要其占法則固古人之遺軌。譬之史書所載，是非褒貶或未盡可憑，至其一代之制度，則固無僞撰者也。奇齡因春秋諸占以推三代之筮法，可謂能探其本，而足闕諸家之喙者矣。乾隆四十三年九月恭校上。

（録自文淵閣四庫全書）